[Birds chirping]
[Pájaros trinando]

UN CUERPO AGOTADO

PATRICIA BENITO

Papel certificado por el Forest Stewardship Council®

Primera edición: noviembre de 2023

© 2023, Patricia Benito
© 2023, Penguin Random House Grupo Editorial, S.A.U.
Travessera de Gràcia, 47-49. 08021 Barcelona
© Emilio Lorente, por el diseño de cubierta e interior

© de las imágenes: Paula Rosell, portada, contraportada y pp. 6, 18, 20, 49, 58, 60, 74, 80, 81, 86, 91, 118, 121, 129, 130, 172, 179, 182, 183, 188; Patricia Benito, pp. 10, 12, 13, 27, 30, 32, 35, 36, 37, 38, 46, 50, 55, 56, 59, 62, 64, 65, 66, 69, 73, 87, 96, 98, 99, 100, 105, 106, 108, 109, 111, 112, 117, 122, 124, 125, 132, 135, 139, 140, 144, 145, 146, 149, 150, 151, 154, 160, 163, 164, 167, 168, 187, 193, 194, 195, 196; Anna Meejin, p. 23; Paqui Manzano, p. 126; Jan Philip van Thielen, p. 126; Guillermo Guerrero, p. 157; Eva Rojas, p. 166

Printed in Spain - Impreso en España

ISBN: 978-84-03-52389-0
Depósito legal: B-15622-2023

Impreso en Gómez Aparicio, S.L.
Casarrubuelos (Madrid)

AG 2 3 8 9 0

A mi abuela,
que aún me mira con esos ojos chiquitos
que intentan decirme dónde está

UNA HABITACIÓN NÓMADA

Traté de refugiarme en una habitación de unos siete metros cuadrados, no siempre de la misma ciudad. Desde ella se ven los pájaros y sus nidos, también atardecer, nunca la luna. Este lugar, repartido por el mundo, tiene en común una ventana, un espejo, una planta viva y estos huesos. Diferentes vistas, macetas y reflejos, pero siempre el mismo hogar: mi cuerpo.

Cuando hablo de cuerpo no me refiero solo a lo que me rodea: al contenedor, la piel, los músculos, la grasa. No me refiero a lo que llevo toda la vida esquivando mirar, a lo que algún día será ceniza que reposará no sé en qué lugar. No se trata solo de las vísceras, sino de este ser —a ratos frágil— que habita en sus espacios.

Esto no tiene que ver tanto con la forma, sino con el fondo: con un alma cansada de luchar contra varios ejércitos despiadados enquistados dentro de ella. De mí. Contra un mundo obscenamente malvado y tímidamente bondadoso, contra la incapacidad de querer y cuidar; contra el miedo, que es lo que lo rompe todo.

Durante este tiempo, me acompañó un cuaderno que llené de poemas, papeles y pensamientos, cartas y postales que encontré en mercadillos de diferentes ciudades. A este rincón íntimo, a esta habitación nómada, nunca dejo entrar a nadie. Si quieres saber lo que pasa en ella, tendrás que hacerlo desde la rendija que a veces dejo. Puedes observar a través de ella, puedes proteger mi puerta y, si alguna vez te cuelas en este diminuto lugar, no se lo digas a nadie, ni siquiera a mí.

Los protagonistas de mis historias tienen un nombre, pero podrían ser cualquiera porque la pesquisa es conmigo desde que tengo uso de razón o falta de ella.

Como siempre, los hechos y personajes relatados en estas páginas están basados en el puro deseo. Si nadie se hizo daño en el transcurso de lo ocurrido fue porque alguien saltó antes del golpe. Aun así, a veces lo sueño diferente.

Este libro no es solo un diario, no son cartas de amor o poemas de desamor, no son pensamientos incrustados en un cuaderno, no es un grito de rabia ni una petición de auxilio, no son solo mensajes sin enviar. No es nada de eso y lo es todo a la vez. Una amalgama de sentimientos dispares, un millón de preguntas que rara vez tienen una respuesta contundente.

Este cuaderno contiene las miserias y esperanzas de alguien perdido, los trozos recolectados de una caja de Pandora hecha pedazos, la angustia de quien no sabe qué contar ni cómo contarlo, una garganta muda, una fe bajo arresto, la incapacidad de saber cómo seguir, un jardín sin nada de luz, una maceta de interior en mitad de la solana, un patio de vecinos en un día gris. Pero, sobre todo, es mi camino de vuelta a casa.

Me hice bolita hasta que pude abrir los ojos.
Me arrastré hasta que fui capaz de caminar.
Levantarme ya era una revolución.
Este libro es casi un milagro.

2023　JANUARY　一月

JAMADILAKHIR
جمادى الآخر

1444
9hb

好年好景好收成

多福多財多光彩

乙丑牛十二月運程 1985年出生的人，感情交往不穩，與對象產生感情糾結。
丁丑牛十二月運程 1997年出生的人，雖然比較辛苦，但能取得豐厚的回報。

壬寅年 十二月大
MONDAY
十一日 星期一

山羊座

2

MONDAY
星期一

本日貴人時
丑未

宜
拆卸
掃捨

庚申木畢成日

十小寒
四

正版運程擇吉日曆 福祿堂 版權所有仿冒必究

漲潮 01:50

退潮 06:40

ALGO DORADO

Eres todo lo que no busco,
nada de lo que quiero,
un riesgo que no puedo correr.

Un jodido terremoto
en mitad de una siesta aburrida.
Me ato a la cama y te digo que debo irme.
Me abrazas por la espalda y me calmas.

Sueño con una escalera de caracol
cubierta de terciopelo rojo,
gastado y oscuro.

Cantas esa canción
que nunca fue nuestra
y me observas.

Hace tiempo que dejé de respirar.

Hay algo dorado que nos atrae.
Tu mano me acompaña
o me lleva, no lo sé bien.

Tras una puerta me besas.
Te sigo porque me miras así.
¿Por qué me miras así?

Dices que un día me quisiste,
pero ya no.

Ya no,
lo recalcas una y otra vez.
Pero te quedas
mirándome así
y yo me muerdo el labio
como si no supiera hacer otra cosa.

Me tocas y me aprietas
y respiras como yo:
despacio y entrecortado,
acelerado y con miedo,
con ganas,
pero ya no.

A TIRO

Alejo mi cuerpo del tuyo,
aunque mi alma siga en él.
Aunque se adhiera
a tu ser,
a tu recuerdo,
aunque se imante a tus huesos.

Intento atraer mi mente hacia otro lugar:
más calmado, más iluminado,
más alejado de ti.

Por inercia te olvidará,
no queda otra.
Tus rincones no son habitables:
son oscuros y húmedos,
agrestes y escarpados;
en ellos siempre se está a tiro.

No hay quien se sienta segura
en este amor
que abre la ventana solo a ratos,
airea la alcoba y la tristeza,
y vuelve a expulsarme de allí.

QUISIERA CREERTE

Tres minutos después de sentirme invencible
recorre el miedo cada rincón de mi cuerpo.

La fiera vuelve a tirar de mí
y me aleja de todo lo que tiene que ver contigo
o con otros que me hicieron sentir lo mismo.

Se apodera de mi cabeza y no me deja pensar,
no me deja sentir, me quiere alerta,
                                            insegura,
                                            mortal.

Yo quisiera quedarme,
                    creerte,
                    dormir contigo.

Pensamientos obtusos me atrapan,
todo empieza a volverse negro:
lo que dices, lo que haces,
cómo me miras.

Todo se convierte en chapapote,
en monstruos que acaban conmigo,
                                    contigo,
                                    con nosotros.

Me inunda la pena.
Empiezo a pensar que nunca podré con ella,
nunca conseguiré quedarme en ningún sitio en calma.

Siempre saldré corriendo.
Siempre sola.
Siempre incapaz.

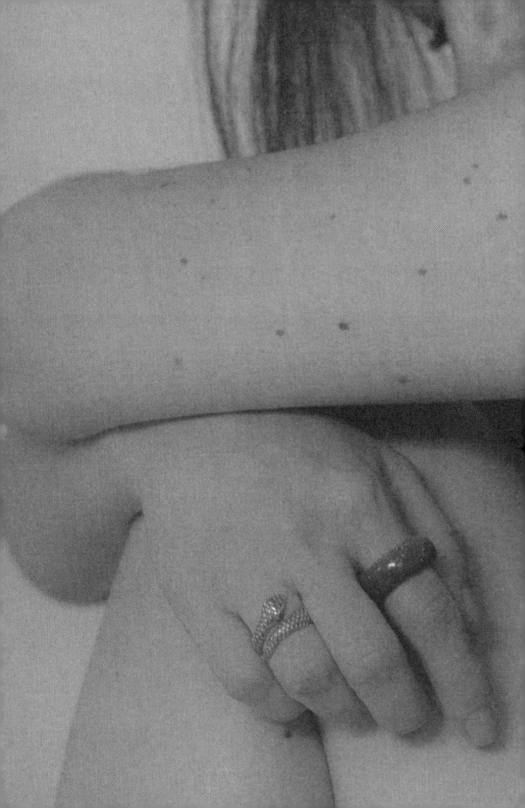

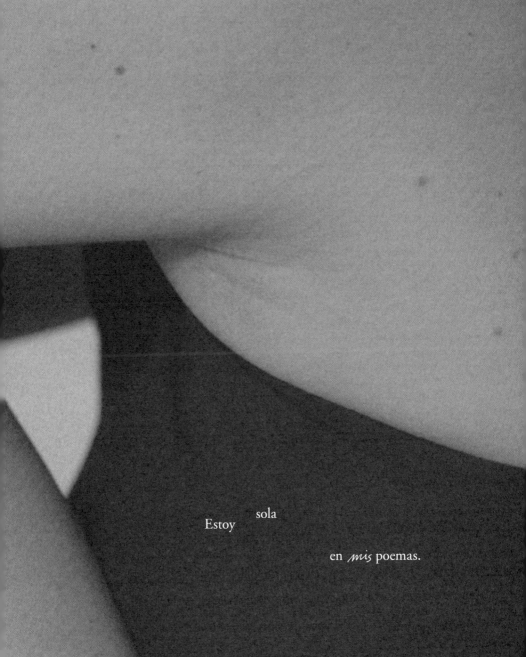

Estoy sola

en *mis* poemas.

LAS PIEDRAS DE WOOLF

El dolor me deja
notas de amor por la casa
como un adolescente
que acaba de descubrir
sus primeros aleteos.

Incapaz de soltar
se obsesiona conmigo.

Cree que soy
su hogar en la noche,
su alma gemela.
Me abraza y
—por momentos—
creo que me entiende.

No quiero acostumbrarme a él,
pero cómo lo calmo,
cómo le digo que suelte,
que me arrastra hacia el fondo
como las piedras de Woolf.

ESAS OTRAS MUJERES

A esos personajes que creo para mis historias, a esas otras mujeres —que no dejan de ser yo—, las acicalo a mi antojo. Fuman, tienen mal carácter, te miran con hostilidad, te contestan cortantes, son inteligentes como poca gente con la que te hayas cruzado. Te tumban en una frase, en una mirada. Ponen el punto final con una respiración profunda, mientras devuelven su vista a la pantalla o al cuaderno o a la servilleta en la que estuviesen escribiendo antes de que las molestaras con nimiedades de humano. Poca gente es digna de su atención y su tiempo es valioso, no lo piensan regalar. Ni por un momento dejarán que te acerques si lo que traes no brilla demasiado. Te mirarán, si es que en algún momento lo hacen, a través del humo o por encima de esa taza de expreso. Apagarán el cigarro mientras te dan a entender que podría ser tu corazón. No hay ni un músculo, ni un movimiento en su andar, en su estar, que te dé la bienvenida. Pero te atraen. Atraen las miradas, son un misterio, un reto, un lugar por descubrir.

Se dejan ver por los cafés porque en el fondo quieren sentirse observadas. Esquivan la tristeza de sus casas, siempre parecen solitarias. Quieres saber la historia que hay tras ellas, qué las llevó ahí, a ese antro oscuro, bajo una lámpara antigua y polvorienta, rodeadas de flores artificiales que han perdido el color, protegidas tras los botes de salsa y sus pegotes, tomando café o whisky, perdonándote la vida.

No te acerques, no te quieren.
Pero admíralas.

Lady in green. Anna Meejin, 2021

EL BESO FANTASMA

Besabas mi frente y acallabas las voces.
Las calmabas como una nana en el momento justo.

Cuando la agitación se apaciguaba al acercarte,
respiraba profundo y te observaba continuar
tus movimientos hacia cualquier rutina
que nunca quise dar por garantizada.

El calor de tus labios se quedó tatuado en mi frente,
perdona si alguna vez pasé mi mano tras sentirlo.

Algunas noches,
aun sabiendo que es imposible,
vuelvo a notarlo como la cicatriz
que duele cuando llueve.

El beso fantasma
no calma las voces,
pero por un momento las engaña,
las acuna en esta cueva oscura,
las redime de sus pecados,
las santigua antes de desaparecer.

Bésame antes de dormir, mi amor,
aunque sepa que no vas a volver.

LAS PALMAS DE MIS MANOS

Ojalá algún día me mires y veas tu futuro.

Te encuentro en las palmas de mis manos,
en algún punto de cada línea que me atraviesa.
Apareces saludando
como si la vida y el tiempo y el miedo
no hubieran podido con nosotros.

Trato de cerrar el puño para retenerte
como a un pájaro enjaulado
que ha dejado de cantar,
pero mis manos ya tienen grietas.

Dejo de presionar por el dolor que me producen,
porque en el fondo quiero que vueles
a un lugar más seguro
y menos quebrado.

Me duermo y te sueño,
y me sorprendo cuando al despertar sigues aquí.

No dejo de preguntarme si aún lo harás,
si también te quedarás
cuando mis manos
se asemejen y transformen,
delicadas y deformes,
a las manos protectoras
de mi abuela.

LA MEJOR CÓMPLICE

Es difícil decirte que no
cuando vienes con esa sonrisa
y tus promesas de papel soluble.

Observo salir las mentiras de tu boca,
las acompaño con la mirada
mientras pasean lentamente
como un desfile de Navidad,
con todos los ojos clavados en ellas,
atrayendo la ingenuidad
de los que encuentran a su paso.

Veo sus capas,
las detecto bajo el disfraz,
distingo sus esqueletos,
sus colmillos experimentados,
y —aun así—,
sin razón aparente,
como la mejor cómplice,
despejo con cuidado
el camino a mi yugular.

Vuelves a tenerme a tiro.

LOS RATOS FELICES

Los recuerdos
se han incrustado en mi cabeza
como una enfermedad terminal:
lo deforman todo,
lo oscurecen todo,
me envejecen.

Quisiera olvidar los ratos felices
porque no puedo volver a ellos.

No los puedo sujetar
—con estas manos atemporales—,
resbalan como el agua de la lluvia,
como la arena y el tiempo,
como las medusas después de picar.

VÍCTIMA Y VERDUGO

Mi lencería vuelve a preguntar por ti.
Olvida el nombre de cualquiera
que no seas tú
y me mira mal
como si yo tuviera la culpa.

Cree en el destino,
pero lo coloca en mis manos.
Me nombra verdugo
y no víctima.

No la culpo,
me hace sentir bien;
no solo me engañaste a mí.

Los ojos del resto en nosotros,
los tuyos clavados en mí.

AMOR SIN RAÍZ

Quiero estar con alguien
que quiera estar solo conmigo,
que se deshaga al tocarme
como si lo viviera por primera vez,
que busque mis ojos de gata parda
entre la multitud,
que piense en mis manos
cuando necesite ser acariciado,
que sienta mi voz
aunque no esté allí,
que busque mi boca
cuando otras reclamen la suya,
que se duerma pensando en mí.

Quisiera quedarme,
lo juro,
pero no puedo.

No puedo permanecer
en esta habitación compartida,
en este cubículo pequeño,
en este amor sin raíz.

CENIZA

Esta pequeña habitación
en la que hablábamos
empieza a quedarse vacía.

Apenas descansan en ella
los restos de una última fiesta:
las toallas de baño,
las galletas de la fortuna
que auguraron nuestro futuro,
la manta que nos mantuvo
a salvo en los descansos,
unos vinilos que no me dio
tiempo a enseñarte,
una cadena y una cruz,
algunas cartas de amor,
un par de fotos,
ceniza.

Nada que se pueda rescatar.

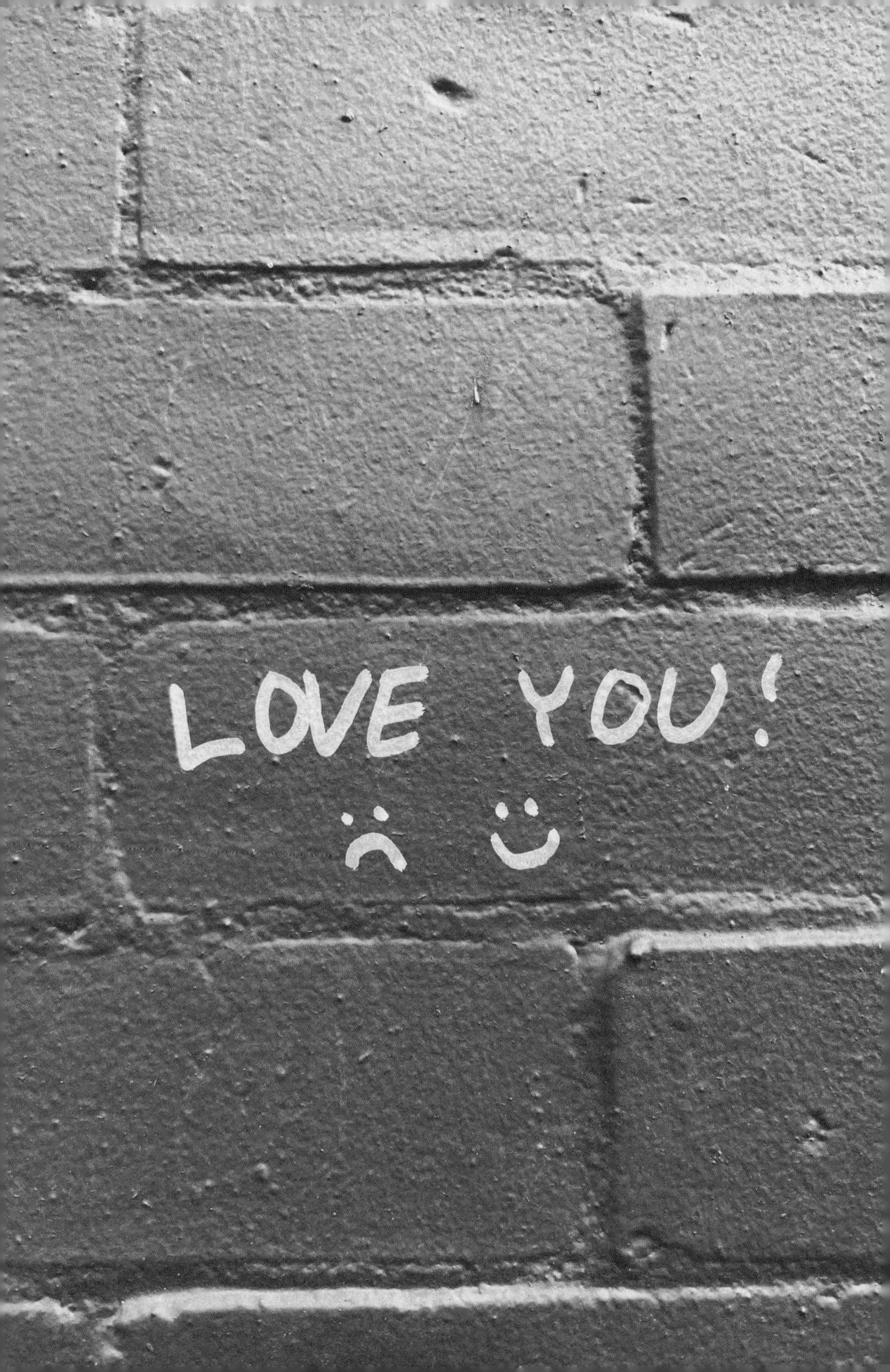
LOVE YOU!

TE QUIERO

Lo he leído en poemas
y escuchado en canciones.
También en cartas y en el oído.
Me lo encontré en bocas
que no me llenaban,
en manos que no me sentían,
en ojos que no me sabían leer.

Aprendimos a decirlo antes de entenderlo
y mucho antes de saber hacerlo bien.

Te quiero, pero.

TODO SUENA A NANA

A veces me pregunto
qué ven otros que no ves tú,
qué viste que ya no ves,
por qué no volviste a buscarme.

He dejado de echarme la culpa,
pero queda metralla de ella en mí:
de otras veces, de otras almas,
de otros como tú.

Pienso en el amor bueno,
el que llega sin ruidos estridentes,
sin esconderse.
Aquel que va invadiendo tu cuerpo,
buscando un lugar en el que descansar
y sentir paz,
sin desplazar nada
sin romper nada
sin maltratar.

Se acurruca y te observa,
te invita a soñar,
y todo suena a nana.

BUEN CAMINO

Noto la brisa en la cara
y parece que todo desaparece.

Atusa mi pelo
mientras despega de mi cuerpo la pena,
la angustia y el miedo;
las dudas.

Me desabrocha el pecho y me libera
frente a este campo de viñas,
este paseo de callejuelas,
de andantes buscando respuestas
y cerrando los ojos,
inhalando la brisa compartida
de corazones perdidos y solitarios
ávidos de un mundo mejor.

Si la brisa no nos salva,
que al menos nos acaricie.

QUERRÁN SABER

Lees lo que escribo sobre ti
y te gusta saberte eterno.

Te verán en mis palabras,
se preguntarán por nosotros,
crearán conjeturas,
nos intuirán aún juntos.

Debatirán si nos quisimos,
si aún lo hacemos,
si yo debí permanecer más tiempo allí.

Envidiarán nuestra historia.

Querrán ser la chica
que estuvo en tus brazos
junto a aquella ruleta antigua
en un lugar secreto.

Imaginarán nuestros cuellos latiendo
y nuestras bocas buscando.
Se preguntarán
si en algún momento pudo ser.

Te querrán creer como yo.

Observarán esos ojos que me leían
como si no hubiera historias enredadas.

Querrán saber si aún me escribes,
si yo te busco en la pantalla
o cómo nos despedimos.

Fantasearán sobre cuál fue
nuestro último mensaje,
quién dijo adiós primero,
quién se acuerda más de quién.

ME CONOCES TAN POCO

Aún no he podido hablarte de mis fantasmas,
decirte por qué te pido que te dirijas
despacio a mi cuerpo,
por qué salgo corriendo cuando te despistas,
las razones que me han traído hasta aquí.

Me conoces tan poco, amor…

Yo quisiera contártelo todo,
hablarte al oído,
ponerte en alerta,
salvarnos.

No dejes que te griten a la cara,
no quiero que te asusten,
que te invadan;
no quiero que ganen.

Pero son más grandes que yo
y no sé cómo ahuyentarlos.

No tengas miedo, mi amor,
no te matarán,
me quieren solo a mí.

UNA PEQUEÑA PARTE DE TI

Hay una pequeña parte de ti
que no consigo olvidar.
Una que no conoce nadie,
que apenas muestras:
tu yo en calma.

Descubres una verdad
que navega a mi lado,
que no es más real
que la que tienes en otro lugar,
pero sí más libre.

A veces sueño solo con eso,
con volver a despojarnos de los pesos,
abrirnos, respirar,
leernos la mente,
dejar el mundo atrás.

La gente nos mira, dicen que hace frío,
no saben de lo que hablan.

A TU ESPALDA

Un día despiertas
y alguien te quiere y te abraza.

No te mueves mucho,
ni siquiera respiras profundo
para que no se despierte,
para que siga estando cómodo a tu lado.

No sabes ni cómo pasó,
pero esas partes de tu cuerpo que odias
las acaricia concentrado.

Quiere quedarse y no lo entiendes,
pero sigues sin respirar fuerte
por si se mueve y se quiere ir.

Qué cosas tiene la vida.
Que tu presente y tu futuro
estén a tu espalda
y tu pasado los apuñala.

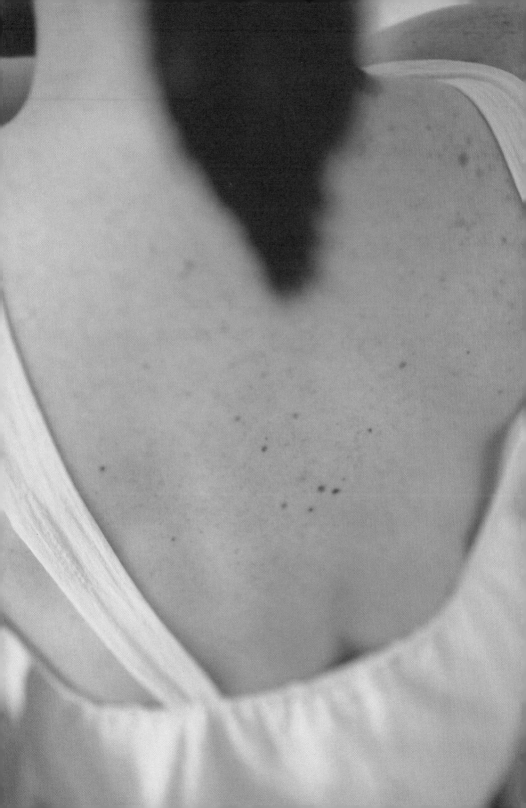

OTRA VIDA
EN LA QUE NO ESTOY

Apenas llevo unos días sin saber de ti
y el tiempo va más lento.

Trato de llamar a la puerta,
pero algo me frena:
ruidos dentro
alguna risa
otra vida en la que no estoy.

Me gustaría que abrieras,
quedarnos uno frente al otro
sin hablar   sin movernos
contarnos lo que sea sin decir nada:

te echo tanto de menos que duele
sé que piensas en mí
te veo en los espejos cuando me miro
te siento cuando despierto
me alegro de que estés bien
espero que seas feliz.

TUS MANOS NO SON LAS MÍAS

Todo lo que a ti parece no importarte
a mí me destroza por dentro.

Trato de pensar solo
en lo que puedo controlar
en lo que está en mi mano
en lo que puedo decir o callar
en lo que te puedo mostrar u ocultar;
en la responsabilidad de no convertirme
en quien no soy
porque lo que siento te pueda asustar.

Intento no pensar en lo que pasará
si hago o digo o siento o sueño.

El resto estará en tus manos
que no son las mías
que no acarician como yo
ni quieren como yo
ni sienten como yo
no entienden como yo.

No voy a mostrarte el camino si quieres irte
no te voy a edulcorar la salida
no la voy a anticipar.

Si llega
cuando llegue
si es que lo hace
estaré en mi puerta diciéndote adiós
con estas manos que amaron y sintieron
acicalaron y cuidaron
sin el más mínimo pudor.

Las agitaré orgullosa
por no haberlas escondido
tras un amor comedido.

Mis manos van a querer mejor que tú
porque son valientes y sinceras
puras y reales
y ya no tendrán miedo
hasta el día que me muera.

LOS GURÚS

Cuando te quieras te querrán,
repiten como loros los gurús de la vida
como si fueran tazas de desayuno
que se recalientan.

Escupen sus patrañas,
las repiten como si yo no tuviera derecho,
como si fuera menos por vivir
en este cuarto mal iluminado.

¿Y qué pasa mientras?
¿Y si no lo consigo?
¿No habrá nunca un amor para mí?

Uno que no arranque los despojos,
que me acaricie con cuidado,
que me bese y que se quede
hasta que mi cuerpo se sienta a salvo.

¿Qué dice toda esa gente?
¿No habrá nunca nada de eso para mí?

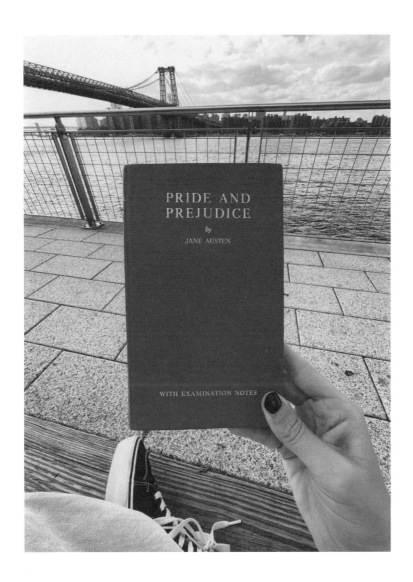

VELAR AL MUERTO

Aún sigue tu olor en todo lo que me rodea
y ya estoy cavando la tumba para el cadáver.

El entierro antes de velar al muerto.

Supongo que eso es algo
que se aprende con la práctica,
los años y los cuerpos inertes cosechados.

No te regodeas,
apartas el salero de la herida
antes de que se derrame,
lo cambias de mesa
y sacudes con el reverso de la mano
—que también huele a ti—
las migajas que quedan
sobre las celdas rojas y blancas del tapete.

Alisas la tela instintivamente
y te deshaces de los restos incrustados
en las palmas de las manos,
en sus líneas;
a veces con cuidado,
a veces como aplauso.

El olor deja de ser intenso.
Cubres tus piernas con el sobrante del mantel,
ajustas la silla y pides un café.

Ya solo huele a eso.

LA MANERA

EN LA QUE ME

HABLO.

La manera
en la que me hablo.

MI PIEL ERIZADA

Pronto dejaré de acordarme de ti,
lo siento en mi piel.

Aquella que apenas tocaste
cuando me tenías delante,
aquella que no observaste con admiración
cuando estaba tumbada a tu lado.

La misma por la que pasaste
de puntillas y con prisa
antes de volver a esa vida
que siempre te espera con la cena hecha.

No hubo piel con piel,
no tuviste tiempo para eso,
no supiste mirar despacio,
no fuiste capaz de ver el tesoro
que tenías desnudo ante ti.

Un tesoro
que no era yo,
sino mi cuerpo erizado
queriendo sentirte.

Ni un solo baile lento,
ni un paso en falso,
no sabrías nombrar ni una de mis marcas,
ni uno de esos lunares
que vuelven a ser solo míos
y de nadie más.

UNA Y OTRA VEZ

La vida es otra cosa. Una que nada tiene que ver con la certeza de que aquello que quieres seguirá ahí cuando te despiertes. Las malas noticias te atacan en mitad del desayuno o de la cena o cuando acabas de hacer el amor con un desconocido. Alguien agita el cubo y lo pone todo patas arriba. Vuelves a colocarlo: el sofá, los cojines, la manta, ahuecas la pereza, lloras o revientas un jarrón contra el suelo, tiras la ropa por los aires, te cortas el pelo. Empiezas de nuevo con lo que queda, hasta la próxima llamada o mensaje o pensamiento que se cruce en tu camino y vuelva a agitar el escenario.

Terremotos en mitad de la obra.
Una y otra vez.
Y tú, mientras, bailas.

TU CALMA
TU SUEÑO
TU FE

Las noches son solo mías.

Tú duermes y alguien te mira
—no soy yo—.
Vela tu calma, tu sueño y tu fe.

Me pregunto si sabe
que soy parte de todas ellas.

UNA CANCIÓN DE AMOR

Rodeados de gente,
vienes y te acercas a mi oído.
Algunas frases
—que nadie sabrá nunca—
se quedarán en nuestro cajón.

Las imagino en una mesilla verde olivo
pintada a mano con flores de colores;
ahí reposarán nuestros secretos.

Quiero volver a ese instante
una y otra vez,
vivirlo una y otra vez:
en la boca del estómago
y en mis entrañas,
en la risa tonta
que acompaña siempre a tu nombre.

No quiero olvidarlo, te digo;
cada día te lo volveré a contar, prometes,
como los abuelos a sus nietos,
así se quedará para siempre,
en nosotros y en el aire,
en los recuerdos a los que queramos volver.

Ya me rompieron el corazón, te aviso,
alguien que mentía y vivía y besaba como tú.

Una vez soñé contigo,
me cuentas,
y te tuve que soltar para seguir.

No te creo
—quién te iba a creer—,
pero sigo frente a ti,
contra la pared,
y la gente nos habla
aunque no escuchamos;
no nos importan.

Me debato entre salir corriendo o besarte,
siempre gana la opción menos valiente.

Suelta esas brasas,
me repito una y otra vez
mientras observo tu cuello.
Desde donde estoy no me llega su olor,
pero sigo mirándolo mientras hablas.
Quiero acercarme más,
acariciar esa vena que a veces salta.

No quiero que te vayas
y no lo haces,
se van cumpliendo todos mis deseos
como si hubiera escrito el guion.

¿Cómo no iba a creer
que esto sería una canción de amor?

LA CAMA DESHECHA

Lucho contra mí para no escribirte,
para no soltarte cualquier frase elocuente
que te haga reír,
que te haga recordar
cuánto te gustaba hablar conmigo.

Peleo encarnizadamente contra mi estómago,
que hace tiempo fagocitó a otros órganos,
se adueñó de ellos,
impuso sus reglas.

Me agota tanto
que le dejo hacer,
le dejo decirte,
aunque sea frente al espejo
o en una libreta gastada,
que seguimos sin entender por qué te fuiste
ni por qué no hicimos nada para evitarlo.

Planea sobre esta casa la duda
de si debí haber sacado las uñas
o haberte plantado el corazón
sobre esa mesa que nos vio querernos,
sobre esa cama que nos escuchó decirnos adiós
sin envolvernos ni protegernos.

Esa maldita cama
ajena y deshecha,
vacia e inmóvil,
desnuda,
como yo.

DIARIOS

Enero / Junio

2 de enero   Nunca seré una buena escritora, no tengo prepotencia para ello.

4 de enero   He comenzado a escribir en la parte de atrás de las hojas que arranco del calendario: titulares y deseos. También recuerdos que no quiero olvidar.

8 de enero   Me gusta la gente que se preocupa por mí. También a la que no le importo nada en absoluto. Quiero más a los primeros, aunque sueño más con los segundos.

15 de enero   Perdono a los fantasmas para dejarlos ir.

19 de enero   Cada vez que me preguntan de dónde soy, aprieto los puños y deseo con todas mis fuerzas que algo interrumpa la conversación: rayos, truenos, una bandeja de canapés, lo que sea. Me avergüenza no ser capaz de responder a algo tan básico. Cómo voy a ser de algún mundo si habito en tantos. Cómo voy a pertenecer a cualquiera de ellos si no soy de ningún lugar. Esa falta de raíz y esa ramificación me definen. Soy de todas partes y de ninguna. Aunque siempre encuentro un hogar al que regresar.

22 de enero   Solo el escritor sabe a quién le escribe, y a veces, ni siquiera eso.

25 de enero   El tiempo no lo cura todo. Pedir perdón, tal vez sí.

4 de febrero	Mi madre me protege como si ella no tuviera miedo.
11 de febrero	Reclamo mi espacio en el mundo, mi cuerpo en mi ser. Exijo ser yo, con todo esto que porto.
15 de febrero	Conseguir acabar el día sin demasiada grieta. Ser solo un punto en el mapa: más que suficiente.
20 de febrero	Desabrocho el sujetador y acaricio las marcas que deja pidiéndoles perdón.
27 de febrero	No necesitamos analizar la felicidad, no buscamos salir de ella, no nos molestamos en ordenarla para entenderla. Por eso escribimos sobre la pena, sobre la rabia y la angustia. Un solo sentimiento que nos gusta frente a diferentes versiones de un dolor. Siempre gana la pena, por eso escribimos tanto sobre ella.
3 de marzo	En cuclillas, junto a la encimera, no aparto mi mirada de la cena que gira en el microondas y me pregunto cómo he llegado hasta aquí, a hablarle a un batido de proteínas sobre ti.
17 de marzo	Soy una contradicción constante, una duda infinita.
18 de marzo	He llamado poemas viejitos a los poemas que son de antes de ti.

19 de marzo   ¿A dónde se va con el corazón roto?

21 de marzo   La culpa llena los sótanos de este cuerpo.

22 de marzo   He escuchado a alguien decir que escribo sobre quien me gustaría ser y no sobre quien soy. ¿No es lo mismo —le pregunto—. ¿A dónde quiero llegar no dice bastante sobre mí?

26 de marzo   Soy feliz, a pesar de esta melancolía que me envuelve. La luz siempre me acompaña y me custodia. A veces pienso que lucho contra ella, que trato de esquivarla, pero jamás me deja sola. Como ese destello que llega algo más tarde a un cuerpo que se mueve veloz, la estela vuelve a posarse en mí cuando me freno. La luz no me abandona y sé que por ella nunca termino de detenerme.

30 de marzo   Pañuelitos tengo para estas lágrimas que asoman.

1 de abril   Soy un banquete para alguien con el estómago cerrado, un oasis para alguien sin sed, un callejón oscuro para alguien con miedo.

3 de abril   Compito contra mí con más saña y fiereza que contra cualquier adversario: sin ningún tipo de empatía, sin la más mínima clemencia.

9 de abril

Hoy es día nueve de un mes con flores y he vuelto a caer. He vuelto a lanzar la pelota convencida de que alguien la devolvería. Qué tonta soy, es lo único que atino a decir. Cuánto te quise, me repito en pasado para ir acostumbrando a mi cerebro. Debo dejarte marchar de esta cabeza, de mi estómago, de estas ganas alarmantes que me invaden cada vez que te cruzas en mi camino. ¿Por qué vienes, por qué te siento llegar, por qué nunca subes? Sé lo que te frena y no puedo ayudarte. Solo puedo esperar, en este balcón con vistas, a que un día te atrevas a pasar.

16 de abril

No suelo estar orgullosa de los secretos que guardo, tal vez por eso los protejo tan bien.

22 de abril

Quiero curar al mundo con estos dedos alargados y este corazón acolchado. Necesito que se reponga de esta oscuridad. Que alguien, no sé quién, arrincone la maldad, la avaricia, el poder, la mentira y vuelva a abrir la jaula de la ternura. Necesito que baje el volumen para poder escucharnos, acallar los insultos, dejar paso al amor. Quiero curar al mundo, pero está más cansado que yo.

26 de abril

Si un tren viene hacia a ti, corres hacia el otro lado. Nadie en su sano juicio se enfrenta al peligro. Lo mismo me pasa con el amor.

30 de abril

¿Luchas por la libertad o por el privilegio?

2 de mayo   Cuando conseguimos ver al lobo, se había comido hasta las tripas.

9 de mayo   Te escribo como quien invoca a los demonios.

12 de mayo   Asomo mi cuerpo al espejo lentamente, precavida, como si no supiera lo que me voy a encontrar. Sin esperar ninguna sorpresa agradable, voy dejando que partes de él vayan apareciendo. Me pasa también con las llamadas telefónicas, siempre contesto pensando que traen malas noticias. Si en las dos primeras frases no sé el asunto de la llamada, mi cuerpo se tensa. Ya apenas cojo el teléfono ni me miro demasiado al espejo. Ambas cosas las hago solo para adaptarme al mundo.

16 de mayo   Apago la lámpara de mi mesilla y aparecen inmediatamente las pequeñas marcas que forma la luz de la farola atravesando mi persiana. Y ahí, en esas espesas líneas naranjas y alargadas, encuentro yo la calma, la constante, el hogar.

18 de mayo   Todo el mundo sitúa a los muertos en el cielo. Miran hacia arriba cuando les hablan, pero yo los siento aquí: en los árboles y en la brisa, en los días de lluvia, en el fuego de una chimenea, en los atardeceres dorados. Los noto en las pequeñas cosas que nada tienen que ver con todo lo que guardamos, sino con todo por lo que respiramos.

20 de mayo	Los cuerpos no se estropean. Los cuerpos envejecen y no debemos esconderlos. Otro molino contra el que luchar.
21 de mayo	Veo a gente enamorada en las fotos y no me la creo. Ocultan su lado oscuro. En cambio, no puedo hacer nada cuando me los encuentro por ahí, tan metidos en lo suyo, sin fijarse en nada alrededor, sin importarles si les miran si les ven si se nota. No tengo excusa para ese amor de calle tan alejado de mí, tan olvidado en el tiempo, tan envidiado. Malditos enamorados ajenos al mundo. Me vuelven envidiosa y rastrera y poco les importa. Ni se enteran.
25 de mayo	Habitación 207, calle Ferrocarril. Y tú no vienes.
28 de mayo	En mitad de los poemas está la vida real, la que intentas mantener cuando la oscuridad no te absorbe.
30 de mayo	Mira esa tierra que pisas porque irás ahí igual que yo, igual que el resto. No hay diferencias para los muertos.
1 de junio	Siempre he querido escribir sobre los amores de mi vida poniéndoles un apodo, un nombre falso, tal vez un simple número. Así podría saltar de uno a otro sin perderme. Me apetece hablar más de los amores cortos, los largos pasaron más desapercibidos. Ya me robaron demasiado tiempo, no puedo regalarles más.

3 de junio

Me gusta imaginar cosas contigo. Que de alguna forma aparezcas, que te acuerdes de mí, que quieras verme. Me pregunto si sabes que no suelo hacerle demasiado caso a casi nadie, pero que ya hay cinco cosas que me gustan de ti. Me pregunto también si falta mucho para ver el mar y si querrás quedarte cuando eso pase.

7 de junio

De todas las cosas malas que me podían pasar, envejecer no era una de ellas.

10 de junio

Nada como un tren para dejar ir.

11 de junio

Lo único que sé de la muerte es que llega, y eso ya es mucho más de lo que sé de cualquier otra cosa.

12 de junio

Recorro la casa levantando las persianas de todas las habitaciones, preparo café y tostadas, y salgo a la terraza, que, por primera vez en semanas, da un poco de tregua. Encogida por el fresco y el cuerpo aún sin aclimatar, acabo el desayuno mirando a las plantas, aún dormidas, y a los pájaros llevando comida a sus nidos. Recojo las piernas sobre la silla abrazándolas, sé que en un tiempo no podré hacerlo. Ya me duelen a veces las rodillas si mantengo esa posición demasiado rato. Pienso en que tengo que hacer deporte, salir a caminar, cuidar mis articulaciones, pero vuelvo rauda a mi vida indefensa y olvido todo lo que debería ser.

14 de junio

No sé colocar muy bien las muertes de mi familia, no sé ordenarlas. ¿Quién fue el último? ¿Cuánta distancia hay entre ellos? ¿De cuántos me despedí? ¿Pude hacerlo de alguno? ¿Por qué no recuerdo nada? La sucesión de los hechos me ayudaría a entender. He empezado a leer sobre la muerte, sobre la pérdida. Si ellas lo vivieron, tal vez me ayuden a despertar. Didion, Rosa, Joan, Marie. También leo a quienes escriben sobre cómo se sienten cuando escriben y, sobre todo, cuando no. Necesito saber de sus miedos para entender los míos. Necesito conocerlos para salir de ahí. Me sorprende que los experimenten tan parecido a mí. No poder escribir es como la muerte, como querer hablar y que no te salga la voz, como querer comunicarte en un país extranjero, como cuando no sabes decirle al doctor lo que te pasa. Y mientras, duele. Del 0 al 10 me duele un 8 la vida. Del 0 al 100, un 8 también.

21 de junio

Todo el mundo está enamorado, esto es agotador.

28 de junio

Escribir es una tarea horrible. Me paso el día queriendo dejarlo. Me enfado conmigo por no saber hacerlo y con el resto por decirme que lo hago bien. Utilizo continuamente las mismas palabras, las mismas frases, los mismos conceptos, siempre quiero igual de mal, siempre me siento igual de sola. Llevo casi un lustro dejándolo: de querer y de escribir. Esquivo y abrazo la soledad. Sufro y ansío las palabras.

]   [

Mujeres que escuchan a los pájaros,
pensamientos de terraza,
cada una en su balcón.

QUE ME PERDONEN
LOS OTROS

Intento pensar en otras personas,
crear nuevos mundos con ellos,
pero mi mente termina
irremediablemente
llevándome a ti.

Repito el proceso,
digo cosas que apenas siento,
trato de que se queden,
bordarlos a mis curvas;
deseo que enganchen a mi cuerpo,
que ganen terreno,
que te saquen de mí.

Pero asomas,
como pensamiento intrusivo,
como el catarro que nunca se va,
como la canción más pegadiza
de un verano húmedo.

¿Cómo lo hago para arrancarte de aquí?

Que me perdonen los otros por usarlos.
Lo saben.
No les importa.
Tampoco yo.

BARROTES INFINITOS

Los barrotes infinitos de esta cama
me recuerdan a una celda;
me encierran y me intimidan.

Me tumbo cruzada,
a lo ancho,
mientras mis brazos y medias piernas
flotan a ambos lados.
Tengo frío en los pies,
pero nadie me arropa.
No consigo deshacer el enigma
de esta colcha que parece estar hecha
para mantener las normas.

Tiro de ella, pero sus esquinas no ceden
y mi cuerpo apenas responde.

No logro entrar en calor,
solo tiemblo.

Vuelvo a perder el día.

UN CORAZÓN ROTO

Quieres entrar en un corazón
que ya está roto.
Si tuviera alguna certeza
de que deseas quedarte en él,
trataría de limpiar los destrozos,
recogería la alcoba,
cambiaría las cortinas,
levantaría hasta la alfombra,
dejaría pasar la luz;
lo llenaría todo de plantas.

Pero qué hago si vienes y te vas,
si solo quieres observar el lugar
por el mero hecho de descubrirlo,
de conquistarlo.
Qué hago si solo pretendes
tallar tus iniciales,
colocar una bandera
sobre una cama hendida,
sobre este sueño ligero.

Quieres adentrarte en un corazón
que ya no es joven,
no está intacto,
no supieron habitarlo
y yo no supe acariciarlo
cuando me necesitaba.
Lo golpeé y lo agité hasta vaciarlo,
lo maltraté,
nunca lo protegí.

Ahora me preocupo por cuidarlo,
sé que necesita paz,
calma,
que le canten una nana,
que se queden a dormir.

UNA DESPEDIDA DISCRETA

Este amago de amor lascivo y volátil
alivia mis piernas entumecidas,
las alarga y las hace creerse
una primera bailarina
entre nubes mullidas.

Te tengo frente a mí y te observo hablar.
Frases bonitas pero tristes nos envuelven.

Entrecierro los ojos y ladeo la cabeza,
tal vez frunzo un poco el ceño.
No soy muy consciente de lo que pasa fuera,
solo puedo pensar en que quiero besarte
y en cuánto se notará que necesito hacerlo.

Intento que todo se ralentice,
seguir el movimiento de tus labios
es una tarea compleja.

Mientras mueves tu boca y dices
—intuyo—
que esto no puede ser,
llega la claridad a mi mente.

Es hora de hacerte una despedida,
algo discreto,
a la luz de unas velas
que ya no encenderemos.

Decirte adiós con una sonrisa,
como las primeras veces
que venías a buscarme.

Soplar el fuego,
pedir un deseo,
dejarte marchar.

Aún no lo sabes,
sigues hablando,
y yo acabo de entenderlo.

MEJOR MAÑANA

La pena no me deja comer, apenas me deja moverme, salir de la cama, empezar el día. Lo intento, pero este cuerpo sin fuerza no puede con el peso de mi alma. No hay estructura que aguante este dolor de hormigón anclado bajo el pecho. Consigo levantarme a la ducha, necesito pureza, expulsar esta sombra que me abraza. El olor a jabón me tranquiliza durante un rato. Sin darme cuenta, me encuentro bajo el nórdico, desnuda y algo húmeda, encogida, rodeando con mis manos la nariz y la boca para retener este aroma todo lo posible. Ni siquiera me he puesto bragas. Si estirara el brazo unos centímetros llegaría a por ellas, pero ni siquiera soy capaz de eso. Vivo en un duermevela. Me avergüenzo de perder los días así, pero no encuentro otra manera de hacerlo. Vuelvo a respirar profundo, hago otro intento, pienso en canciones que me sacarían de aquí; las veces que lo logro es gracias a ellas. Bajo al sofá, me acurruco, ya es de noche. Un vaso de leche y vuelvo a la cama.

Mañana
—tal vez—
sea un poco mejor.

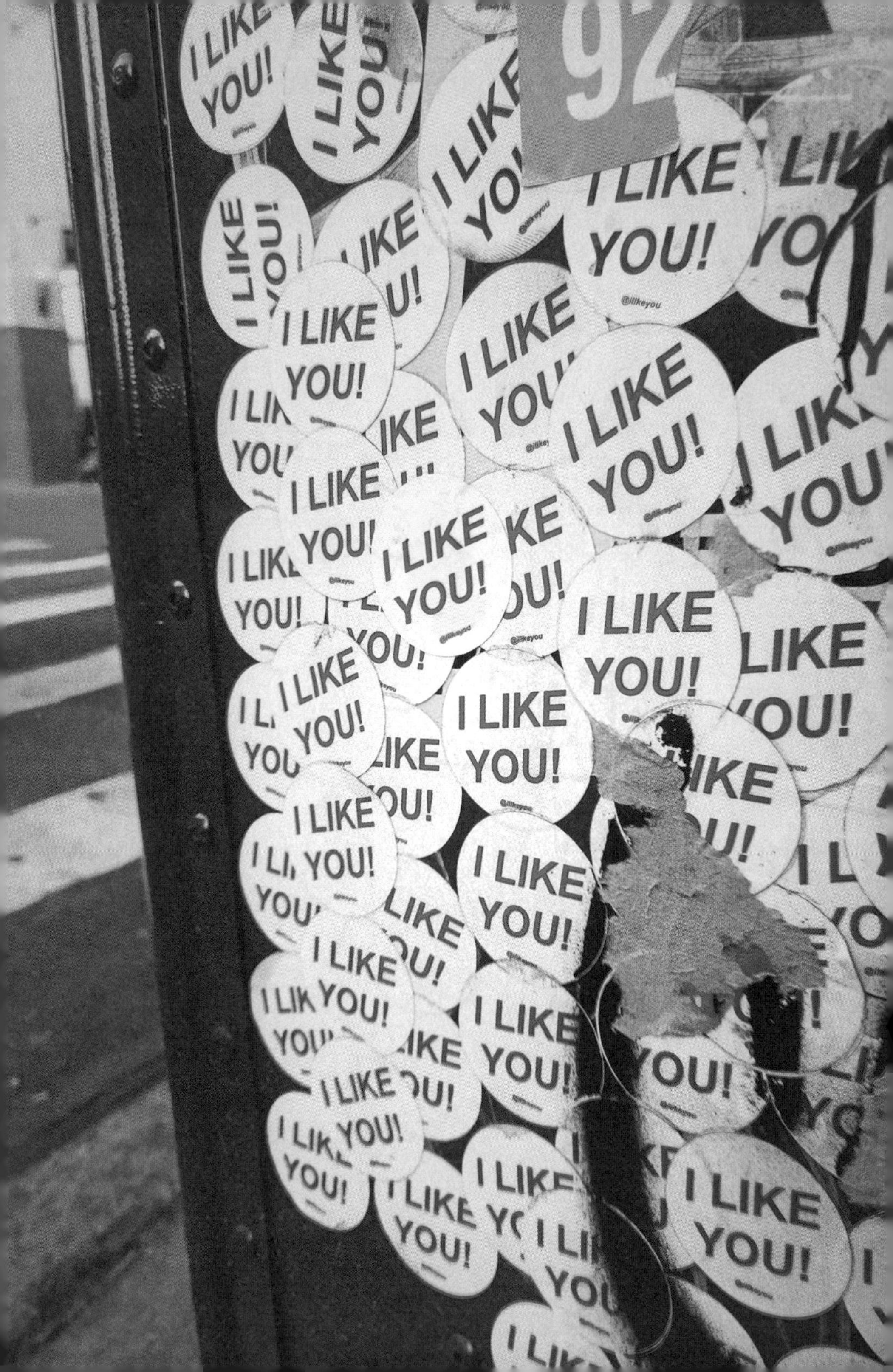
92
I LIKE YOU!
@ilikeyou

¿qué hay de malo en mí?

Toda la ciudad se reduce
a una sola persona si estás tú.

UNA CASITA
FRENTE AL MAR

Una casita frente al mar,
una playa vacía,
varias huellas de gaviotas
y algún perro
que tal vez me acompaña
o tal vez no.

Juego a imaginar que es real
y que, al volver a casa tras el paseo,
alguien me espera,
ha hecho la comida
y me pregunta si he pasado frío,
si se mojó mucho el perro
y qué quiero beber con el arroz.

LA NIEBLA

La niebla cubría todo tu cuerpo,
tus pensamientos,
no me dejaba llegar a ti.
Nunca conseguí conocerte demasiado:
todo a ras, todo liviano,
todo superficial.

Por un rato nos reímos,
por momentos atisbé un rastro de futuro;
tal vez fue solo el deseo de él.

En mi cabeza tengo la imagen
definida y real,
tal vez una simple alucinación
—no podría jurarlo—
y esa duda me ata a ti:
nadie que me hubiera mirado así
se habría marchado jamás.

ESOS OJOS TRISTES

Veo esos ojos tristes
—agotados de ser para otros—
y quiero acunarte,
protegerte,
alejarte de esos demonios
que te atormentan,
de ese pasado que no deja de bramar,
de esas voces que no dejan de rogar.

Gritan tu nombre sin apenas mirarte,
sin preocuparse por lo que queda de ti,
por esos restos que intento
rescatar del vendaval.

Trato de ponernos a cubierto,
cerrar la puerta hasta que pase todo,
hasta que la prisa el cansancio
la demanda y la pena se vayan.

Solo tienes que darme la mano,
yo me encargo de todo lo demás.

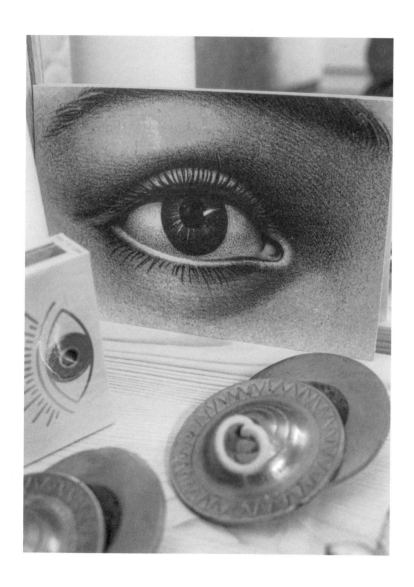

UN PUEBLO COSTERO

Quiero un barquito de madera
azul y verde y blanco,
un motor pequeño
y una casa que me vea llegar.

Quiero perder
todos los miedos al mar,
a no ver la salida,
a las olas,
a la nariz bajo el agua,
a no poder respirar.

Quiero un gorrito de playa
que me acompañe a tu vera
y se mueva con el viento;
que el sol me ponga roja la nariz.

Quiero un barquito
en un pueblo costero,
vivir con un vestido que mueva el aire
y una mano que me ayude a subir.

MOLINOS DE VIENTO

Molinos de viento
acompañan mi camino hacia ti
mientras amanece.
Son las ocho y treinta y cinco
y vuelvo a tener miedo.

No sé cómo pararlo,
no sé cómo pedirte que me ayudes,
que detengas a esos jodidos gigantes
que vienen directos a mí.

Siempre estoy a los pies de alguien:
a los tuyos a los suyos
a los de otros que tampoco
supieron cómo detenerlos.

Quisiera pedirte que les hables,
contarte que así se amansan,
pero no me sale la voz.

No sé cómo hacerte entender
que solo así, de esa manera,
podremos quedarnos
abrazados y en calma,
a salvo y serenos,
sin ellos.

LAS MANOS QUE SIEMBRAN

Cuando una parte de tu raíz se muere
todo se tambalea un poco.

Deja de llover igual,
los domingos son diferentes,
los problemas parecen insalvables,
levantarte cuesta más.

No hay un hombro incondicional en el que llorar,
no hay cuello pecho brazos
que te cobijen;
ya nadie intuye tu pena.

Aparece un eco estridente
al otro lado de las llamadas,
todo empieza a ser más pesado,
las fotos están más vacías,
tu cuerpo, también.

Por momentos, el camino deja de tener sentido.

Cuando una parte de la raíz se marcha,
las manos que siembran desaparecen,
la tierra se apaga,
los marrones son más opacos,
el vértigo es infinito,
una simple brisa podría derribarte.

Pero debemos honrar los recuerdos,
besar la semilla, sabernos queridos,
porque las manos que siembran ya no están,
pero la cosecha permanece.

TAL VEZ NOS PERDONE

He aprendido a tocar mi cuerpo.
No de manera lasciva, sino paciente.

Pongo mis manos sobre él,
sobre el esternón y el estómago,
sobre la tripa y esa carne
que siempre intenté esconder.

Mis dedos se estiran y adaptan,
tratan de escuchar y sanar,
se elevan con la respiración.

Tal vez nos perdone si lo conocemos,
si nos quedamos el tiempo suficiente
para que vuelva a confiarnos su fe.

Siempre quiso pasar su vida conmigo.
Nunca una alianza más necesaria.
Nunca nadie más fiel.
Nada más real.

SI PIERDO EL CONTROL

Me convierto en alguien salvaje
cuando siento ira,
cuando me invade el vacío,
cuando quiero salir de ese lugar oscuro
en el que dejo de tener el control.

Tus manos me dirigen
—o eso crees—.

Te miro como una niña buena,
sonrío traviesa,
quizá algo perversa.

Te vas a enterar
—pienso—,
no te va a doler,
pero te vas a arrepentir.

AL APAGAR LA LUZ

Les cuento a otros
lo que me gustaría decirte a ti.

Nada demasiado profundo:
cómo me ha ido el día,
qué he visto en la tele
o cuándo me voy a dormir.

Me desean buenas noches
y a mí no me importa
lo que digan, lo que hagan
o si piensan en mí al apagar la luz.

Solo quiero que seas tú,
que no sean otros
los que protegen mi espalda.

COMIDA RECALENTADA

Siempre tomo notas de las historias de amor que vivo, ya sean pequeñas o grandes, largas o cortas, reales o fantasiosas. Apunto rápido lo que pasa antes de olvidarlo: lo que dicen, lo que hacen, cómo me hacen sentir. Quien se acerca sabe que acabará en un poema; a veces diría que lo intentan solo por eso. Anoto cada detalle para que se vuelva más intenso, como quien toma apuntes para que se le queden mejor, para que se le graben en la piel, para poder mirarlos cuando alguna laguna acorrale su mente. Regreso a los poemas cuando destruyo todo lo palpable. En cambio, nunca vuelvo a las canciones ni a los lugares ni a los mensajes. Siempre odié la comida recalentada, esto debe de ser igual.

OTRO INVIERNO SOLA

Pasan, uno tras otro, los inviernos solitarios y siempre los trato con exclusividad, como si nunca hubiera vivido uno así, como si este en el que me encuentro fuese la excepción, el último en el que voy a tener que hibernar.

Última estación en la que te vas a sentir sola, Patricia. Te lo prometo. Es solo que las circunstancias han hecho que se diera así, no tiene que ver contigo. No hay nada de malo en ti. Nada que expulse a la gente, que la mantenga lejos, que haga que no salgas en fotos que no te haces tú.

Hay alguien esperando por ti, alguien a tu medida, un roto para este descalabro en el que te has convertido, alguien que te va a querer sin que tengas que convertirte en otra persona, sin que lo que eres —lo poco que ves— sea demasiado poco.

Me aferro a las frases panfleto como a la puerta del coche en una curva tomada demasiado rápido: tratando de creer que eso me salvará, sabiendo que no cambia absolutamente nada. Calculo mi día de ciclo por si ahí encuentro la excusa que me deje respirar mejor hoy. Sería capaz de agarrarme a cualquier planeta retrógrado con tal de pensar que no tengo nada que ver en esto. Como el mejor abogado defensor, exculpo al cliente aun creyéndolo culpable.

Trato de mirarme con objetividad y cariño: no veo nada malo en mí, tal vez demasiada normalidad, nada especial, nada estridente, nada peculiar, solo yo, en calma, deseando querer en un mundo que parece ansiar solo batallas.

¿Será que me volví selectiva, prepotente, esquiva? ¿Será que no abro lo suficiente los brazos? ¿Será que no me dejo leer? ¿Que no pido ni reclamo ni exijo? ¿Será que, en vez de creerme diminuta, me creo mejor y por eso nada me interesa lo suficiente como para convertirlo en real? ¿Será que nunca me tomé nada en serio? ¿Será que solo soy una cobarde?

Sé que estoy rodeada de amor, que cada noche alguien pregunta por mí, que les preocupa cómo estoy, si he comido, si tengo ganas de llorar. Quieren saber mis historias, quieren contarme las suyas. Sé que se refugian en mí más de lo que yo soy capaz de hacerlo en ellos. Sé que les gusta acurrucarse a mi lado cuando necesitan calma. Sé que me ven poderosa, capaz, tierna, buena.

Pero también sé que estoy aquí, en esta casa medio abandonada, llorando como hacía meses que no conseguía llorar, sin nadie que quiera hacerme una foto o abrir una botella de vino. Sin nadie con quien construir.

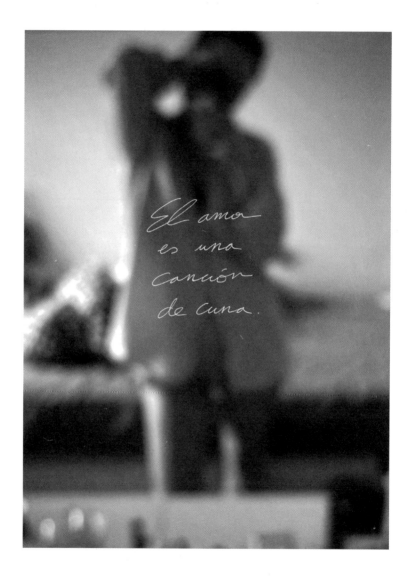

El amor
es una
canción
de cuna.

TÚ Y SOLO TÚ

Te sientes libre a mi verita,
en esta casa construida de la nada,
de las hojas finas
de un calendario barato.

Eres tú y solo tú,
sin dobleces ni escondrijos
en esta selva impostada,
con la mente en calma
y una boca que busca sin temor.

Tú y solo tú,
en un rincón de mi cama
pidiéndome auxilio,
queriendo salvarte,
pero sin poderte quedar.

Ojalá sepas encontrarte,
aunque sea en cualquier otro lugar.

NEW YORK
Brooklyn Bridge

Barnes & Noble 7th Ave, Diciembre 22

NEW YORK NY 100
8 DEC 2022 PM 12 L

U.S. POSTAGE
$1.40

Querida Patricia,

Tal vez nunca vuelvas a escribir,
...do estará bien. Encontrarás

Recuerda siempre
...l puente y
...os vividos,

PATRI...

281A3520904113

LO QUE MEJOR SÉ HACER

A veces siento un nudo tan grande en mi estómago que no encuentro el cabo por dónde empezar a deshacerlo. No hay una frase por la que comenzar a tirar; todas parecen insignificantes, chiquitas, erróneas, mentira. Hurgo en mi interior, le doy vueltas, por momentos lo ignoro, lo acaricio, lo bailo, lo estrujo y lo aprieto. Nada tiene efecto. No hay pistas, jeroglíficos o mensajes encriptados a los que acudir, solo siento un amasijo pesado y compacto. Un empacho de tristeza, un cansancio colectivo. Está tan encostrado que parece que se va a quedar a vivir.

Mi abuela, costurera de toda la vida, estrella del rock si hubiera querido y astronauta si la hubieran dejado estudiar, deshacía las madejas amasando suave, tirando poco a poco de ellas, abriendo con ternura el espacio. *Nunca tires con fuerza, cariño, eso solo hará que se enroque más. Ten paciencia, saldrá.* Y eso hago, creer en ella, que es lo que mejor sé hacer.

NI UN SOLO RAYO DE LUZ

Vienes y recoges tu alegría
que aún reposa en mí.
Tu forma de mirarme
se queda clavada en mi cuerpo;
tu despedida fría me despelleja.

He dejado de entender.

En unos segundos
te has convertido en otro,
y el suelo se abre.
El abismo me separa
de una parte de ti
que hace un rato habría saltado
para quedarse a mi lado.

Me miras
—todavía lo haces—
desde ese trozo de tierra que se aleja,
desde ese glaciar que navega
firme hacia otro lugar.

En medio, agua o vacío,
no lo distingo bien.
Rebota el eco de mis lágrimas.
Ni un solo rayo de luz
vuelve a dejarse ver.

Mi *Cuerpo* es un pequeño poema

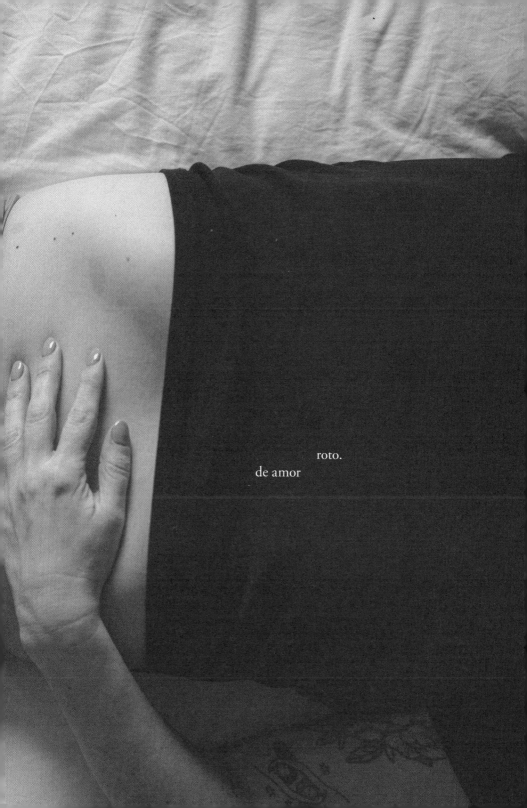

roto.
de amor

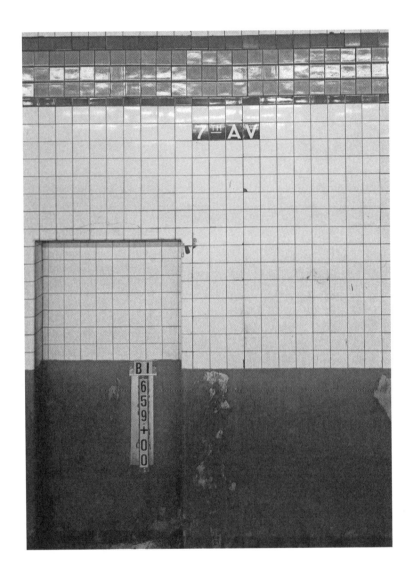

UN AZULEJO CON EL NOMBRE

Te escribo cartas como a un amor real.
Para que no me olvides,
las perfumo y las sello con mi inicial.
Te hablo y te hablo
de la vida y del futuro,
de ir a ver juntos el mar.

Te detallo nuestra casa frente a él:
su puertita azul
su balcón con flores
la mesa para el desayuno
el azulejo con su nombre.

¿Cómo la llamaremos?
No dejo de pensarlo.
Bautizar un hogar frente al mar junto a ti.
Cómo estuve tanto tiempo
sin saber a dónde quería ir.

EL DOLOR

Trato de visualizar el dolor, representarlo. No el de cabeza, no el de espalda ni el de ninguna otra parte del cuerpo, sino todo él. Intento darle una forma que me ayude a acotarlo. No hay nada que aterre más que aquello que no puedes ver: el enemigo invisible, los ruidos en mitad de la noche, aullidos en la oscuridad, lo que no sale en las pruebas médicas. En un papel en blanco, trazo líneas sin pensar y conecto unas con otras. Este dolor —el mío— es una piedra del tamaño de una sandía, apenas lo puedo cargar y, cuando habita en mi interior, me impide moverme, levantarme, respirar. Ahora que lo veo, que lo conozco, que tiene forma y tamaño, peso y temperatura, y es una parte de mí, puedo decidir cómo enfrentarlo. Tal vez algún día consiga triturarlo, erosionarlo, estamparlo contra la pared. Es un ser vivo, como yo. Depende de mí y sin mí no podría ser, y con eso empieza el juego. Las reglas las pongo yo.

LAS PALABRAS

Abro una libreta con tus iniciales
y algo me aprieta el pecho.
Quiero pasar por encima,
de puntillas,
como si no fuera conmigo.

No quiero entrar
y quiero entrar.

Rescatar lo que sea salvable.

El cuerpo pesa,
las letras se entremezclan,
las dudas atacan de nuevo mi cabeza:
¿pude hacerlo mejor?
¿y si hubiera dicho aquello?
¿y si hubiera sido más real?
¿tan poquito soy?

Me pregunto qué será de ti
y no tengo respuestas,
nadie en común que me dé una pista,
ninguna ventana que quiera abrir
para observarte.

Sé,
como sé otras cosas que no conozco,
que no te acuerdas de mí,
que nada te remueve
cuando en alguna pared
aparecen mis letras,
que mis iniciales
no hacen que te falte el aire,
que tu pecho no recita mi nombre.

Por eso las escribo
—las palabras—
para poder aferrarme a ellas
cuando no quede nada más.

ME SEPARO DE
LO QUE NOS UNE

Cierro los ojos para no saber nada de ti,
para no conocer ni un solo detalle
que no haya salido de tu boca,
que no me hayas contado solo tú.

Me tapo los oídos
para no escuchar,
bloqueo cualquier sonido
que no sea tu voz
hablándome a mí,
contándome lo que quieres que sepa.

Me despido y te olvido.
Vuelvo a cerrar los ojos para no verte,
para no saber nada de lo que eres,
de lo que has vivido,
de lo que has sentido,
de lo que te recuerda a mí,
de lo que te trajo aquí.

Me separo de todo lo que nos une,
espero que lo entiendas,
no encuentro otra forma de salir de ti.

PISO Y PORTAL

Aquella canción
que nunca escuchamos juntos
vuelve a traerte a mí.

Es sensual, calmada,
quisiera bailarla contigo.

Me debato entre decírtelo
o callarme de nuevo.

A veces
siento que me recuerdas
y que te debates
—como yo—
entre contármelo o callar.

Ese pensamiento me da paz,
me invita a creernos aún conectados.

Pero si hoy te digo algo,
si volvemos a hablar
y tú te diriges a mí como si fuera cualquiera,
como si esa lucha interna no existiera,
no podría soportarlo.

No podría regresar
a ese cuarto pequeño
y darme cuenta
de que no recuerdas
ni piso ni portal.

SOLO YO

Abro las manos
y te muestro todo lo que soy,
enseño mis cartas
como la *croupier* que un día fui.

Nada escondido por ningún lado,
todo lo que soy lo puedes encontrar
en este cuerpo agotado,
en esta mirada temblorosa
que aún no sabe qué quieres de nosotras.

No quiero irme,
pero tampoco quiero jugar.
No quiero disfrazarme de alguien que no soy
ni enseñarte nada que no tenga.

Quiero paz,
que puedas leerme con solo mirarme,
que sepas que no te voy a herir.

Quiero ser solo yo,
mirándote así,
sin ningún otro sitio al que desee ir.

TE ELIJO*

No creo en el destino ni en nada que me haga pensar que no me eliges entre toda esta gente, que no me miras así por ser yo, aquí, en esta habitación la que te atrapa. *Te elijo porque no soy capaz de quitar mi vista de ti, porque algo tira de mí entre tanto enredo de hilos dirigiéndose sin sentido hacia algún lugar.*

* Te elijo, te elijo, te elijo.

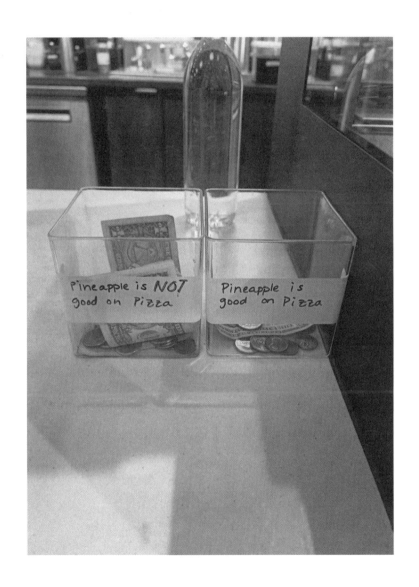

UNA GATA PRESUMIDA

Deja que me tumbe en tu cama
a hablar sobre el tiempo y la vida
y las cosas que nos pasan
por no saber decir la verdad.

Empiezo a no tener paciencia,
a necesitar decirte
con todas esas letras mayúsculas,
como si gritara,
que te quiero aquí
cerca
conmigo
ahora.

Yo estaré hecha una bolita a tu vera
mientras tu mano me acaricia.
Podré girarme, estirarme,
cambiar de pose,
pero siempre volveré a buscarte
si sé que son tus dedos los que me aguardan.

Me acicalaré mimosa para ti
como una gata presumida
que busca refugio.

CORAZÓN DE SAL

Salgo de la ducha y me recojo el corazón, no estaba tan mal cuando entré. Nunca se sabe cuándo algo va a cambiar. Me tumbo en la cama, enrollada en mi toalla, y lo miro con atención. No está roto, solo abandonado. Triste, tal vez. Solitario de nuevo. Me ladeo y lo acurruco en mi brazo, cerca del pecho, que no se le olvide a quién pertenece, en quién habita.

Repite tus últimas frases para asimilarlas, intuyo. Para grabarlas en sus paredes. Yo le digo que todo está bien, que lo hicimos bien, que esta vez no nos escondimos. En realidad, sabe que es mejor así, pero dice que te esperará y algunas otras cosas que no podrá cumplir. Yo le digo que sí a todo, como si no lo conociera lo suficiente para saber que pronto volverá a secarse, a solidificarse, a convertirse de nuevo en un fatigado corazón de sal.

201 **17.97**

Nitehawk Cinema
Prospect Park West
Brooklyn, NY 11215
www.nitehawkcinema.com

11/18/22, 8:21 PM
Server: Rita V   Ticket: R6
Theater 7 Table 201
Seat 1
Invoice: 221118-29-6

1 Caramel Popcorn*   9.00
1 Soda   5.00
1 Soda Refill   2.50

Subtotal   16.50
Sales Tax   1.47

Total   17.97

Suggested Tips
20%=3.30 22%=3.63 25%=4.13

Thank you for joining us!
Unsigned checks will receive 20% gratu...

® 2022 Heartland Pa...

Thanks!   412

Nitehawk Cinema
188 Prospect Park West
Brooklyn, NY 11215
www.nitehawkcinema.com

2/7/22, 4:45 PM
Server: Kelsey M   Ticket: N1
Theater 1 Table 412   Guest: 1
Seat 12
Invoice: 220207-38-1

1 Sour Worms*   4.00
1 Soda   5.00
1 Popcorn*   7.00
1 Pretzel Dogs   12.00

Subtotal   28.00
Sales Tax   2.49

Total   30.49

Suggested Tips
18%=5.04 20%=5.60 22%=6.16

Thank you for joining us!

® 2022 Heartland Payment System

♡   204

Nitehawk Cinema
188 Prospect Park West
Brooklyn, NY 11215
www.nitehawkcinema.com

12/3/22, 2:06 PM
Server: Darielle H   Ticket: V1-1
Theater 5 Table 204   Guest: 1
Seat 4
Invoice: 221203-40-1

1 Juice   5.00
1 Tater Tots   12.00
1 Popcorn*   8.00
  Goodwill   -8.00

SORRY ♡

Subtotal   17.00
Sales Tax   1.51

Total   18.51

Suggested Tips
20%=3.40 22%=3.74 25%=4.25

Thank you for joining us!
Unsigned checks will receive 20% gratuity

® 2022 Heartland Payment Systems

101

Nitehawk Cin...
88 Prospect Park West
Brooklyn, NY 11215
www.nitehawkcinema.com

11/23/22, 8:26 PM
Server: Kimberly S   Ticket: V1
Theater 5 Table 101   Guest: 1
Seat 1
Invoice: 221123-40-1

1 Soda   5.00
1 Caramel Popcorn*   9.00

Subtotal   14.00
Sales Tax   1.25

Total   15.25

Suggested Tips
20%=2.80 22%=3.08 25%=3.50

Thank you for joining us!
Unsigned checks will receive 20% gratuity

® 2022 Heartland Payment Systems

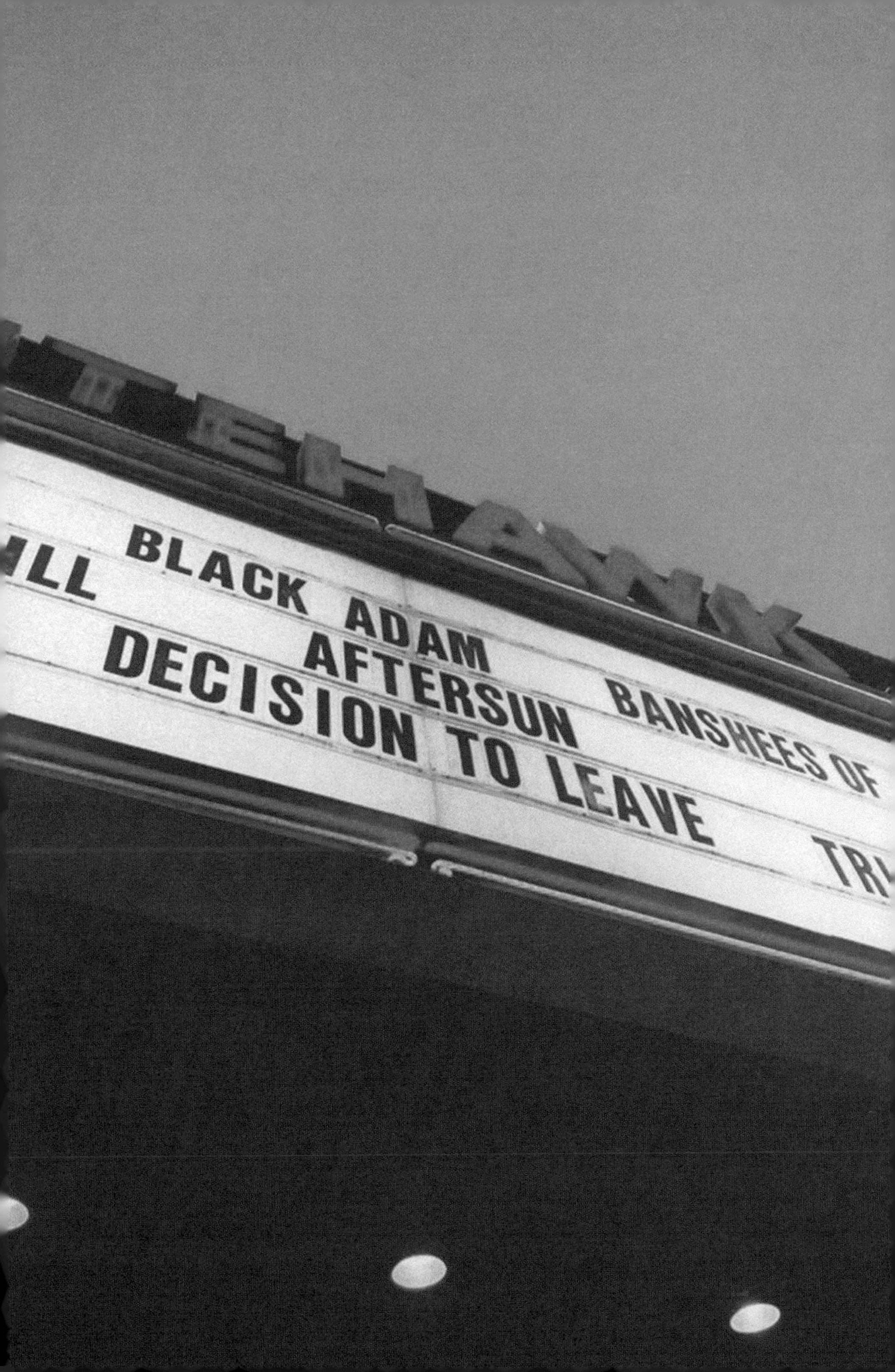
BLACK ADAM
BANSHEES OF
AFTERSUN
DECISION TO LEAVE

SOLO PIENSO EN TI

Trato de ser feliz la mayor parte del tiempo y casi siempre lo consigo. Cuando desayuno, cuando me acerco a la ventana y observo los pájaros, las plantas secas, cuando pierdo la mirada en la basura que dejan el viento y los vecinos en mi terraza, cuando vienen visitas, cuando me llegan paquetes, cuando empiezo y termino un poema, en la merienda y cuando picoteo cosas prohibidas, cuando bailo una canción, cuando recibo un mensaje que no esperaba y otro que anhelaba.

Soy feliz la mayor parte del tiempo.
El resto, solo pienso en ti.

BAJO MIS UÑAS

Un pedazo de ti
se quedó conmigo,
bajo mis uñas,
en mi memoria.

Eriza mi piel
cuando bajo la guardia,
controla mis suspiros,
dirige mis sueños.

Tengo que borrarte
de este pequeño rincón
que había hecho a tu medida,
decorado a tu gusto,
recolocado para
para que encajaras
sin el menor esfuerzo.

Un pedazo de ti
se quedó conmigo;
no sé si sabrás seguir sin él.

Me separo de todo lo que nos une, no encuentro otra forma de salir de ti.

MATERIA GRIS

Mi mente me mantiene despierta hasta la madrugada varias noches seguidas y ni se inmuta por ello. Me gustaría sacarme toda esa materia gris por un oído y por el otro, por la boca y por los ojos; solo quiero que termine el eco. La imagino como una esponja amarilla, agujereada y desgastada, cuarteada por el tiempo. Quiero arrancarla y escurrirla, quitarle la suciedad, liberarla del exceso de peso. Quiero —entre todas esas cosas que quiero— aclararla y dejarla secar al sol, que repose, que vuelva a recuperar su color, su suavidad, su capacidad de absorción. Que este hueco, esta caverna, descanse, se airee, me deje dormir.

EL NEGRO
ES UN COLOR OSCURO

Creo no merecerlo, y esa es la verdad más auténtica que puedo contar en estas páginas. Creo no tener derecho a que alguien se alegre por mí, o presuma de mí, o me haga una foto mientras recibo una noticia feliz. No creo que nada de lo que yo pueda sentir sea importante. Soy una mera acompañante, un apéndice de otras vidas que sí merecen amor. En mi cabeza, decir que yo valgo es como decir que la silla no es una silla, que la mesa no es una mesa ni el negro un color oscuro.

TE TENGO DELANTE

No quiero juegos contigo,
ni una sola estrategia.
Quiero algo real,
sencillo,
que traiga calma
y nos arrope.

Sé que podríamos lograrlo
y eso me envenena:
ver que no vamos a poder llegar
porque no encontramos las fuerzas,
porque estamos inseguros,
temerosos,
agotados.

Qué injusto es no saber
cómo alcanzar un sitio
que casi puedes tocar con las manos.

AGUA SALADA

Lloro muchas veces,
nunca me vacío,
siempre sigue ahí
la lágrima el llanto
el mar un océano.

Danza el agua
de un lado al otro
y me desequilibra,
me hace tambalearme
como barquito velero.

También me mece
y me acompaña
como una dulce
brisa de amor.

OSCURIDAD

La oscuridad vive perenne en mí, aunque no se vea.
No es mala, no la culpo ni la evito y hace años que
no trato de sacarla. Yo soy, con todas mis sombras, un
ser que necesita la luz, que habita en ella y la protege,
aunque a veces la esquive. Esa oscuridad —que es solo
mía— nunca sale, jamás dejaré que te contagie o te
intimide, no permitiré que nadie la intuya. Yo cargo
con ella y, de alguna forma, también es mi hogar. Lo
que sabrás de ella es lo que leas aquí. Lo único que
necesito para soportarla es poder retratarla.

Querida oscuridad,
no me busques,
yo vuelvo a ti.

EL AJUAR

No sé por qué no dejo de pensar en la muerte si no la quiero ni ver. Tal vez es solo la intriga del cómo será. Como cuando voy a tener una cita o una conversación importante y me dedico durante días a barajar todas las posibilidades. Con las citas trato de no imaginarlas demasiado buenas para evitar la decepción, para no quedarme con las sábanas bordadas después de una conversación sin salida.

Con la muerte no hay expectativas, solo curiosidad: la imagino en diferentes escenarios y formas. Tras ella no queda espacio para desilusiones. Tampoco para olvidarte de alguien ni para volverte a enamorar. Por eso tengo claro que no me quiero morir: no quiero estar en ningún lugar en el que no pueda bordar un ajuar cada cierto tiempo.

LEJOS

Ya no espero demasiado de nosotros y eso es como ir desangrándose poco a poco. Empalidezco y la pesadez irrumpe en mi cuerpo. La falta de esperanza se acomoda en mi interior y siento lástima por lo que ya no es ni será, por las noches de verano que no tendremos. Empiezo el luto mientras te observo al otro lado del sofá. Ríes y no es conmigo, ni yo contigo, ni me importa con quién. Tu pierna aún me roza en la cama, pero tu espalda ya está lejos de mí. Apenas te siento respirar. Yo que notaba hasta cuando contenías el aliento.

TIEMPO PARA VER ATARDECER

Navego entre todas las fotos que atesoro de cielos rojos rosas naranjas amarillos; me invade la calma. Me pregunto si he sido yo la que ha estado realmente frente a ellos y me siento afortunada. Cierro los ojos y consigo recordar la sensación. Me doy cuenta de que no solo depende de mí verlos y de que no he tenido tantos delante. En mi cabeza surge la duda —siempre hay alguna—: ¿cuántos más veré?

Vuelvo a imaginar mi casa en el mar. ¿Tendrá cielos así? Me parece imposible que alguien no pueda respirar despacio mirando un cielo rojo rosa naranja amarillo de la misma forma que me lo parece no respirar excesivamente rápido en una ciudad caótica.

Si me preguntaran en este momento qué quiero cuando sea mayor, mi respuesta sería clara: respirar lento y ver cielos de colores, que nunca suene la alarma, tener tiempo para ver atardecer.

OLVIDAR UNA VOZ

Cuando murió, sentía que su voz habitaba en mí. Permanecía nítida en mi cabeza de la misma manera que las frases que me decía para hacerme sentir mejor cuando me acercaba a ella para buscar alivio o escuchar su trino. Sabía lo que diría en cada situación y cómo actuaría, las caras que pondría, lo que la enfadaría. Eso me consolaba de una manera sorprendente, porque lo que ella era, lo que me hacía sentir, se quedaba en mí. Se había ido su cuerpo, pero no su ser. También me agarré al consuelo de que al irse se había evaporado su dolor. Se marchaba su dolor y se quedaba su esencia. Pero a pesar de mi capacidad de disociar y esquivar penas y conflictos, la vida real siempre te da un toque. Su voz dejó de sonar con claridad en mi cabeza y aparecía otra cara asociada a su teléfono; eso que llaman echar de menos cobró un significado totalmente distinto al que conocía hasta entonces. No es lo mismo echar de menos un lugar al que sabes que puedes volver, que echar de menos algo que ya nunca va a ser.

Las fotos son tristísimas de un tiempo a esta parte. Hay otras almas en ellas, pero no las que siempre estuvieron. Las raíces se pierden, las tormentas arrecian y tú eres una plantita cada vez más sola en una selva salvaje. Siempre termino sonriendo cuando pienso en mi gente. Soy todo lo que me dieron, cómo me tejieron. Cuando los tengo cerca, trato de no perder detalle, como recolectora de voces y frases, de formas de actuar. No quiero que nunca se me pase un solo átomo de lo que son porque no quiero nunca, bajo ningún concepto, volver a

olvidar

una voz.

DIARIOS

Julio / Diciembre

1 de julio

Sé cuáles son los buenos poemas porque acabo llorando cuando los termino.

4 de julio

Íbamos a cambiar el mundo. Bastante tenemos ahora con ir tirando: la fatiguita dichosa. Si me preguntas, te diré que me conformo con poder dormirme algún día antes de que amanezca, con una palmera glaseada de vez en cuando y con no encontrarme en demasiadas fotos con la mirada triste.

8 de julio

Tendremos tiempo de querernos con calma algún día.

12 de julio

Si supieras lo que me cuesta dejar abierta la puerta, no te quedarías mirando sin pasar.

13 de julio

Empecé a nombrarme poeta el día que tú me lo prohibiste.

3 de agosto

Últimamente me desvelo con facilidad. Antes de mirar el reloj, sé qué hora es casi al segundo. Tal vez mi cuerpo ya conozca los ruidos del pueblo. He descubierto que a las 5 no se escucha nada, pero a las 5.15 ya empiezan los pájaros a trinar. Qué cosas. Tal vez esa era la misión de esta noche: saber a qué hora despiertan ellos, que son los que me acompañan el resto del día. Como una manera más de anclarme a la realidad. Pertenezco a ellos, que se despiertan a las 5.15. Conocer mi entorno, me sitúa en un lugar. ¿Pertenezco a él? ¿O se despertaron los pájaros a esa hora solo porque yo me desvelé?

12 de agosto	Recuérdame cada noche lo que no quiero olvidar.

14 de agosto	¿Cómo puede un amor así quedarse en nada?

20 de agosto	Empezaba a ser un sitio complicado en el que quedarse sin salir herida.

28 de agosto	Costra de la herida.

31 de agosto	Trato de maquillarme y siento que ya no conozco mi cara, mis pliegues, mis rutinas. Es la misma sensación que cuando intento hacérselo a otra persona, pero frente a mí encuentro una mirada familiar pidiéndome auxilio, perdón, clemencia.

1 de septiembre	Vuelven las medias, la manta y la manga larga. Vuelve lo de hacerse un nudito donde sea. Lo de las listas, el mal de amores, las canciones tristes y las velas. El frío en todas partes. Las cosas nuevas.

2 de septiembre	Un hogar en el campo, una mesa bajo los olivos junto a una casa de piedra y el sonido de los pájaros. No ansío más.

5 de septiembre	Me dice Z que igual no huyo, que a lo mejor es el instinto lo que me guía, un sexto sentido que me mantiene alerta. Quiero creerla. Quiero pensar que olisqueo el peligro, que lo esquivo como a los charcos.

Tal vez sea más sabia que miedosa. Tal vez más diosa que mortal.

7 de septiembre

Duermo boca abajo, la cabeza girada hacia un lado, el mismo hacia el que doblo una pierna y abrazo la almohada que he colocado en diagonal. La peor postura del mundo, te dicen con gesto de preocupación y con un tono que te indica que estás perdiendo minutos de vida cada noche. La cara se va desprendiendo, recalcan. Las arrugas se marcan, la columna, la mandíbula, las cervicales se resienten. Qué clase de señales me manda el universo si yo solo puedo dormir así. ¿El cuerpo no te pide lo que necesitas? ¿Por qué me quiere boca abajo? Los dedos de mis pies tocan siempre la parte inferior de la cama y el lateral es vigilado por la rodilla. Incluso cuando descanso tengo que saber dónde está la salida. Ni durmiendo soy capaz de perder el control.

14 de septiembre

Quiero deshacer la culpa, hacerla trizas.

18 de septiembre

Solo quiero escribir un buen poema. Uno en el que hable del amor sin el miedo a perderlo.

20 de septiembre

Cuando lloras no lo haces por lo que acaba de pasar, sino por todo lo acumulado.

1 de octubre

¿Cómo será eso de tener que despedirse? Despedirse, no de alguien sino de todo, de una vida, de cada pequeño detalle. Saber que te vas, que de un momento a otro dejarás de respirar, tú corazón se agotará, no habrá calor, te inundará el frío. Saber que hay un día cercano en el que ya no serás. ¿Cuándo dejas de hacer cosas por última vez? ¿Cuándo dejaste de hacerlas por primera?

2 de octubre

No se puede vivir sin comer, sin beber, sin la brisa de un mar que se apaga, sin un cielo que promete volver.

4 de octubre

Me rebelo contra esta sensación de fracaso pegada a mi cuerpo como quien trata de librarse de una tela de araña, de pelos de gato incrustados en las fibras. La despego y vuelve a mí como la humedad de un pueblo costero. Trato de ejercitar la dicha, la objetividad, sumar los méritos, unir los puntos. Le ponen nombre de síndrome, pero a veces la farsa es real. Nací para nada y para todo. También para no parar.

15 de octubre

Intento entender por qué pasan las cosas, pero mi mente no puede permanecer en el mismo sitio más de un instante. Tal vez encontrar la causa es más doloroso que el propio dolor. Asumir que no hay una razón es volver a ser libre. No abrazar la culpa, no amenazar con ella, no dejar que te controle.

23 de octubre

Escribir es mi forma de romper menos vajilla antigua.

25 de octubre

Encuentro entre mis papeles frases que alguna vez escupí: no sé escribir, no soy capaz, no puedo hacerlo, no sé si en algún momento supe, no sé si lo volveré a hacer. Si al menos lo consiguiera por un rato, una última vez, despedirme de quienes me leyeron o se encontraron entre mis líneas, que, por momentos —algunas noches—, fueron solo mías. Y de nadie más.

28 de octubre   Sé que soy todas las mujeres que reposan en mí: las que me cuidan y también las que me destrozan, las que sacan los dientes para protegerme y las que me boicotean, las que son capaces de conquistar el mundo sin despeinarse y las que no logran levantarse de la cama aunque lo intenten con todas sus fuerzas. ¿Cómo mierda le hago hueco a todo eso en un cuerpecito entumecido como el mío?

2 de noviembre   Cuando me despierto en mitad de la noche, siempre acierto qué hora es antes de mirar el reloj; por fin me intuyo en el lugar que habito. Mientras hago un repaso de las cosas que me preocupan, me pregunto cómo estarás y si pensarás en mí. Entonces presiento que no y trato de llevar mi mente hacia otro lugar, uno que me espere cerca. Me gusta estar despierta cuando el resto duerme. Me gusta acordarme de ti, aunque tú no.

9 de noviembre   Pienso más en ti de lo que puedo permitirme contarte.

13 de noviembre   La camiseta que hace un rato nos separaba vuelve a cubrir mi cuerpo. Encojo las piernas y pongo mis pies sobre el taburete. Todo mi ser en apenas unos centímetros que giran a su antojo. Los destellos de farola se cuelan por la ventana e interrumpen la oscuridad. Iluminan a esta pequeña gárgola que intenta mante-

ner el equilibrio con los pies alejados del frío. Frente a mí, la cena que hace un rato tuvimos delante: unos tenedores, los únicos testigos que quedan. No puedo dejar de mirarlos. Hace un rato éramos esto y ahora nada. Un mensaje, que no es tuyo, me saca de la escena. Alguien quiere verme, tiene ganas de estar a mi lado. Tiro los cubiertos a lavar y vuelvo a la cama. Mañana me destrozarán.

24 de noviembre   Me descubro en las fotos que me hago; siempre salgo algo melancólica. Parecen todas hechas en domingo. Tal vez habite en uno. Busco sentir algo como quien aprende a leer: recordando lo que me contaron, acariciando con el dedo cada línea, tratando de que la desesperación por lograrlo no me haga perderme. Me pregunto si queda algo ahí, si alguna de las explosiones controladas a las que me acerco lograrán despertar a esta fierecilla doméstica que llora con cualquier película, pero que no se inmuta con mucho más.

28 de noviembre   Doy todo mi cuerpo mientras el resto aún trata de recordar mi nombre.

1 de diciembre   Los primeros fracasos, si es que podemos llamarlos así, son los peores. Nos pillaban tan alto que no conseguíamos despresurizar. Los últimos fracasos tienen la tristeza añadida de no haber sido capaces de ir con todo, con esa frescura de quien no se ha roto nunca. Son el cansancio del siga probando. Un rasca y gana detrás de otro, que no deja de ser el juego más aburrido del mundo.

7 de diciembre   Si supieras que se acaba el mundo, si quedasen tres días, ¿vendrías a mí?

12 de diciembre   Quiero hablarte de las películas que me gustan, de las canciones que descubro, de los hoteles que me recuerdan a ti. De todas esas cosas bonitas que debimos hacer juntos. Me enfado con el tiempo, con la vida y el destino por no estrechar el cerco cuando debieron, cuando todavía podíamos ponernos de acuerdo, cuando podíamos decirnos cosas bonitas a la vez.

27 de diciembre   Hace tiempo que pienso que nunca llegaré a la vejez, que algo interrumpirá el viaje antes. Tal vez por eso esta obsesión por el legado, por el buen sabor de boca. Tal vez nunca entendiera muy bien el amor, pero jamás me rendiré.

28 de diciembre   No te escribo para que vuelvas, sino para dejarte ir.

29 de diciembre   He pedido deseos a cada objeto que encontraba en mi camino: al calendario, a las figuritas de la tienda hindú de la séptima con Garfield, a los papeles que quemamos en fin de año en la fogata que hicimos en la parte de atrás de la casa, al tarot, a las velas, a las flores, a los atardeceres y a los días de tormenta. He pedido deseos y la mayoría acaban en ti.

31 de diciembre   Un amor que te atraviese, de arriba a abajo. Que te posea, te incite, te inspire, te haga florecer.

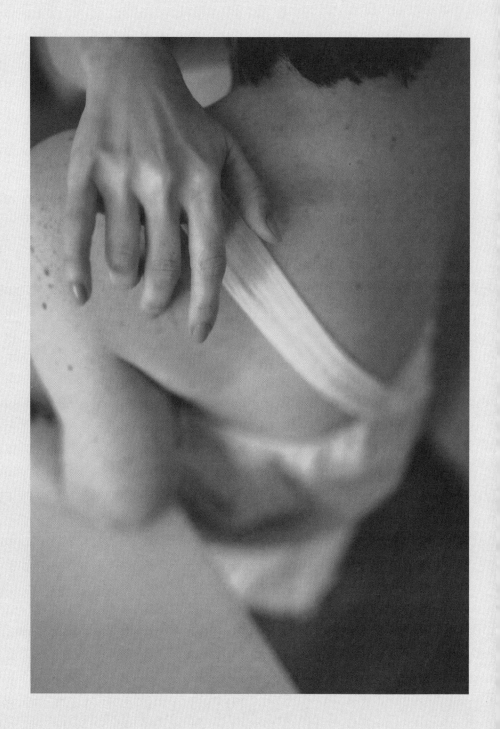

~~MALDITO~~ TÚ

Sembramos semillas
y salimos corriendo
cada uno en una dirección
como quien tira un petardo
y huye para protegerse.

No era pólvora,
sino futuro,
y nunca,
ni una sola vez,
volvimos a regarlo.

Maldito tú
por hacerme creer
otra vez en las estrellas
sin quedarte conmigo a mirarlas.

LA LUZ

Hay un agujero en mi herida
por el que tampoco pasa la luz.

Dónde la hallan esos que presumen,
que la describen como si existiera,
que te observan torcidos si la dejas de buscar.

Ni siquiera la encuentro ya en los poemas.

La poesía me transforma en un ser oscuro,
juega conmigo a su antojo,
me traiciona y me envenena,
se abraza a cualquiera que la nombre.

Soy poeta, dicen bravos,
cualquier borrachera les marea.
Ellos no quieren la luz sino el foco,
y yo me conformo con los rayos
que se cuelan por mi persiana.

ESCRIBIR TU NOMBRE

Escribiría tu nombre
por las paredes de casa,
en libretas y papeles abandonados,
en la barra y las farolas,
en la servilleta del bar
donde intento no acordarme de ti,
en el posavasos de aquel antro
en el que busco la mirada
de cualquier extraño patético
que me haga sentir poderosa.

Solo quiero patearles.
Patearles y escribir tu nombre.

Esta combinación de lunares
me define incluso más
que mis huellas dactilares.

UN BARCO A LA DERIVA

Soy un barco hundiéndose.
Trato de sacar el agua
con mis pequeñas manos doloridas.

A veces cargo a alguien
como si pudiera transportarlo
a un paraíso al que ya no sé llegar.

Nadie achica agua conmigo
y no puedo más con estos brazos agotados
y este cuerpo sinuoso;
con estas reincidentes ganas de llorar.

Quién iba a querer quedarse
en esta barca agujereada,
en esta batalla contra el tiempo,
en esta lucha contra el mar.

TAN ABURRIDOS

Observo el amor bueno.

Lo veo llegar a otras casas
con una botella de vino en una mano
y notas de amor en la otra.

Entra sin miedo,
bien recibido,
todo parece sencillo.

En cambio,
miro a través de mi puerta
y solo veo siluetas poco definidas.
Quieren carne, premios, tripas;
soy solo un pequeño paréntesis en sus vidas.

Podría cortarlos por la mitad
y el relleno sería siempre el mismo.
Tan iguales y lascivos,
tan carnales,
tan vacíos.

LAS NOCHES

Duermo poco y lo hago cada vez más tarde. A veces
amenaza el amanecer y los nervios me retan. De alguna
forma, noto los cuerpos de mi alrededor durmiendo
apacibles. Su paz atraviesa las paredes y llega hasta mí.
No se escucha nada. Ruido blanco en las afueras de un
pueblo pequeño. Como si sus espíritus salieran de los
cuerpos de mis vecinos, noto sus almas paseando por
la casa. No caminan ni levitan, son un humo apacible,
una bandada de pájaros armoniosa. Vienen a sosegar
mis noches. Por momentos, desaparecen en mitad de
un desvelo, pero regresan veloces. Son mi ejército de
madrugada. Se deslizan como la marea que sube y baja.

Duermen en paz
y eso me basta.

AQUÍ YACEN LOS SECRETOS
DE LOS VISITANTES
DEL CEMENTERIO DE GREEN-WOOD

He subido con M a la colina del cementerio, es precioso el atardecer desde aquí. Mientras saca su kit de marihuana, yo me dedico a observar las vistas de Manhattan. En un día claro como el de hoy se puede ver la estatua de la Libertad en su brisa heladora. Solemos sentarnos cerca del obelisco de los secretos. A la vez que ella prepara su cigarro, yo busco un par de papeles por el bolso y rescato un boli de la base del monumento; siempre dejan alguno por allí. Después de mirar por la rendija para comprobar si el buzón está muy lleno, regreso a su lado. Comentamos lo bonito que sería descansar aquí y lo caro que es morir si quieres enterrarte en ciertos lugares. Charlamos sobre la muerte, no encuentro mucha gente con la que hablar sobre ella. M habla más que yo porque está planificando el tercio final; así llama a esa parte de la vida en la que tienes que dejarlo todo bien atado porque ya no dispones de mucho tiempo de reacción. Lo que decidas ahora es lo que queda. No me refiero a la muerte, sino a cómo llegas a ella. Sus planes siempre están en su isla: una casa en la montaña, pero también cerca del mar, con amigas, mujeres bondadosas y completas, algunas algo rotas, todas con ganas de vivir y de naturaleza. Quieren dejar su sabiduría en cada persona que encuentran, se dedican a salvar a quien está varado por el camino. M me encontró a mí y ya nada fue igual. Con ella aprendí —igual que con mis padres— la importancia de ayudar al resto, de intentar cambiarles de algún modo la vida. La he visto salvar a mujeres que llegaron solas de otros países dejando todo lo que tenían atrás.

Empieza a anochecer y queremos irnos antes de que oscurezca. Aún tenemos que pasar por The Bad Wife a por algo de cena y por la tienda de licores a por algo de vino. Le paso su papel y el boli, escribe en él y me lo devuelve. Hago lo mismo y nos acercamos al obelisco. Metemos los secretos en el buzón.

Nunca lo hago, pero mientras nos colocamos el cinturón en el coche le pregunto qué ha puesto.

Tengo miedo a la muerte, me dice.
Tengo miedo a la pena, le digo.

ÍNDICE

Patricia Benito Manzano nació en Las Palmas de Gran Canaria en 1978, aunque ha repartido su vida entre La Rioja, Barcelona y Madrid, intercalando breves romances con la ciudad de Nueva York.

Es *croupier* de profesión, pero terminó cambiando los naipes y la ruleta por la literatura. Autopublicó su primer poemario, *Primero de poeta*, con gran éxito en 2015. Posteriormente, en 2017, publicó este mismo libro de manera tradicional con su editorial, Aguilar. A partir de ahí, Patricia ha publicado otros dos poemarios, *Tu lado del sofá* y *Cada noche te escribo*. Este que tienes en tus manos es su cuarto libro de poemas.

patriciabenito.com

Este libro se terminó de imprimir
cuando ya solo habitaba en mí
una piedra diminuta,
un monstruo pequeño,
un dolor soportable.